아빠가 아들에게
들려주는 30가지
성 이야기

아빠가 아들에게 들려주는 30가지 성 이야기
ⓒ생명의말씀사 2024

2024년 2월 29일 1판 1쇄 발행

펴낸이 l 김창영
펴낸곳 l 생명의말씀사

등록 l 1962. 1. 10. No.300-1962-1
주소 l 서울시 종로구 경희궁1길 6 (03176)
전화 l 02)738-6555(본사)·02)3159-7979(영업)
팩스 l 02)739-3824(본사)·080-022-8585(영업)

지은이 l 장상태

기획편집 l 서정희, 김자윤
디자인 l 김혜진
일러스트 l 오수진
인쇄 l 영진문원
제본 l 보경문화사

ISBN 978-89-04-23032-7 (03230)

저작권자의 허락 없이 이 책의 일부 또는 전체를
무단 복제, 전재, 발췌하면 저작권법에 의해 처벌을 받습니다.

10대를 위한 기독교 성교육

아빠가 아들에게 들려주는 30가지
성 이야기

장상태 지음

드디어! 이 이야기를 들려줄 때가 왔군!

생명의말씀사

들어가는 말

"여보, 어색해서 도저히 못 하겠어요."

아들 녀석이 엄마의 키를 따라잡고 엄마보다 힘도 더 세질 무렵, 아내에게 아이의 성교육을 부탁했습니다. 아이가 아빠보다 엄마와 시간을 더 많이 보내기 때문에 그게 더 자연스러울 것 같았기 때문입니다. 그런데 막상 마주앉아 보니 성 이야기를 꺼내기는 어려웠나 봅니다.

"그래요. 그러면 내가 한번 준비해서 얘기해 볼게요." 말하고 나서 가만보니 아들 성교육을 엄마가 하기에는 적지 않은 부담일 것 같다는 생각이 들었습니다. 그래서 조금씩 책을 찾고 제가 먼저 공부해 보기 시작했습니다. 시중에 나와 있는 기독교 관점에서 쓰인 책들은 대부분 7계명을 이야기하고 있었습니다. "간음하지 말라"는 구절에 근거해 죄와 관련하여 이야기했습니다. 한편 일반 서적들은 '성적 자기 결정권'을 강조합니다. 인간 중심적인 접근이었습니다.

현재 나와 있는 기독교 성교육 책에서 좀 더 다루어 주었으면 하는 주제들이 생각났습니다. 남자 아이들이 겪는 몸의 변화와 가치관의 변화, 현재 세상에서 일어나는 각종 성적인 범죄와 문제에 대한 성경적 해석이 필요해 보였습니다. 특히 우리 아이가 학교에서 직접 경험하는 주제들에 대한 성경적인 이해는 반드시 알려주고 싶었습니다.

성담론은 다양해지고 성범죄는 늘어가는 세상입니다. 자유로운 성적 남용에 대한 문제는 미리 준비하지 않으면 사고로 이어질 수 있습니다. 성에 대한 개념부터 요즘 문제가 되고 있는 주제들까지 기도하고 연구하는 마음으로 이 책을 준비했습니다. 아들에게 들려순다는 생각으로 준비하면서 오래전 남자로서 저의 사춘기 과거도 떠올려 보았습니다. 성에 관한 바른 인식을 조금만 일찍 알았더라면 피할 수 있었을 사건들도 생각났습니다.

이 주제에 대해 진지하게 고민할 수 있도록 도와준 사람은 사춘기에 접어든 아들입니다. 그러나 아들을 위해서 준비했으나 감사하게도 저에게 더 큰 유익을 주었습니다. 한 사람이 성장하는 오랫동안 때에 맞게 발달시켜 주시는 하나님의 놀라운 창조의 섭리를 보게 되었습니다. 하나님을 인정하지 않는 사람들에게는 성이라는 주제가 얼마나 잘못된 길로 접어들 수 있는지를 더 깊이 알게 되었습니다. 우리를 선택하셔서 진리의 빛 가운데 거하게 하신 하나님이 우리에게 성에 대한 주제를 바르게 깨닫고, 말씀 안에서 안전하게 성장할 수 있는 은혜를 주시기를 바랍니다.

"믿고 기다려 주세요."

모든 현상에는 원인이 있습니다. 봄에 얼음이 녹는 이유는 햇볕이 따사롭기 때문입니다. 나뭇가지가 흔들리는 것은 바람이 불기 때문입니다. 사람의 몸과 마음에 큰 변화가 생길 때에도 분명 이유와 원인이 있습니다.

사춘기 아이의 변화는 어떨까요? 거기에도 합당한 이유가 있습니다. 그러나 현실에서 부모는 이유를 파악하기보다 그런 자녀를 어려워하기만 합니다. 항상 순종적인 아이였는데 어느 날부터 "싫어", "아니", "왜?"를 쉽게 말하기 시작하죠. 잘 웃고 까불던 아이였는데, 언제부턴가 무표정하거나 화난 표정을 짓기 시작합니다. 처음 이런 일을 겪는 부모는 당연히 당황하며 불안해하거나 긴장할 수밖에 없습니다.

그러나 사춘기 아이의 이상한 변화에는 이유가 있다는 것을 먼저 알아 두어야 합니다. 순종하던 아이가 반항적인 아이로 변한 것처럼 보인다면 아이가 이상해진 것이 아니라 부모가 미처 파악하지 못한 충분한 이유가 있는 것입니다. 이 사실을 인정하지 않으면 부모는 버릇없는 아이를 과거로 돌려놓으려고 하면서 점점 소통의 문이 더 굳게 닫히게 됩니다. 당장은 이유를 정확히 모르더라도, 예쁜 아이가 이렇게 변한 데에는 그럴 만한 원인이 있다는 사실을 먼저 인정하고 시작할 때, 사춘기 아이와 소통이 열립니다.

그렇다면 아이들이 왜 이렇게 변했을까요? 부모도 사춘기 시절을 지나왔지만 그렇디고 해서 자녀들의 사춘기를 알 수는 없습니다. 최소 20년에서 30년 전에 겪은 우리 부모의 사춘기를 어떻게 상세히 기억해 낼 수 있을까요? 기억하더라도 요즘 아이들의 사춘기를 이해하기에는 시간이 너무 많이 흘렀습니다. 그때 우리의 고민과 현재 아이가 겪는 상황은 매우 다를 수 있습니다. 우리의 생각보다 자녀가 훨씬 더 큰 스트레스 상황에 놓여 있을 수 있다는 생각을 가져야 합니다.

구체적으로 사춘기는 육체적인 변화, 정서적인 변화, 가치관의 변화, 학업적 변화를 겪는 시기입니다. 당연히 스트레스가 심할 수밖에 없습니다. 첫 번째 육체적인 변화는 아이에게 급격한 성장에서 오는 피로감과 더불어 성인으로 변화되는 과정에서의 낯선 경험을 제공합니다. 예를 들어 갑자기 몸에 털이 나기 시작합니다. 가슴이 생깁니다. 남자는 몽정을 시작하고 여자는 월경을 시작합니다. 처음 겪는 몸의 변화는 낯설고 당황스럽습니다. 특히 신체적인 변화는 부모에게도 쉽게 말하지 못할만큼 부끄럽기도 합니다.

두 번째, 사춘기는 아이에게 뇌의 성장과 호르몬 분비로 인한 정서적 불안정성을 줍니다. 전두엽이 성장하는 과정에서 충동적이고 우발적인 행동을 하거나, 기분의 변화가 급격히 심해져서 갑자기 기분이 좋다가도 한순간 화가 나고 우울해지기도 합니다. 이성에 대한 감정도 발달하기 시작해서 누구에게도 말하기 힘든 혼자만의 고민도 생깁니다.

세 번째, 가치관의 혼란이 오기 시작합니다. "나"라는 존재가 누구인지 자신의 정체성을 정립해야 하기 때문에 스스로 생각하는 시간도 필요합니다. 앞으로 "어떻게 살아가야 하는지"에 대한 인생 고민도 시작됩니다.

네 번째, 이 모든 것에 더해 학교에서는 공부해야 하는 분량과 난이도가 올라갑니다. 학원에 가는 시간도 늘어납니다. 대학입시에 대한 부담이 생기기 시작합니다. 학업 자체에 대한 스트레스가 쌓이는 시기입니다.

위의 네 가지를 포함한 여러 스트레스를 아이 혼자 감당해 내야 하는 시기가 바로 사춘기입니다. 특히 사춘기의 뇌는 스트레스에 취약한 것으로 알려져 있습니다. 자신에게 일어난 변화를 정리하기에도 벅찬데, 어떻게 어릴 때와 같이 착하기만 한 모습을 할 수 있을까요? 그래서 혹시 내 아이가 변한 것처럼 느껴진다면, 그것은 매우 정상적으로 잘 자라고 있다는 뜻입니다. 아이가 혹시 짜증을 내고 이상한 모습을 보이더라도, 성장을 위한 고통을 겪는 중이라고 봐 주셔야 합니다. 부정적인 태도를 보인다 하더라도, 부모는 그 자리에서 바로 반응하지 말고 힘들더라도 기다려 주어야 합니다.

사실 부모로서 정말 많은 인내가 필요합니다. 그러나 격분해서 아이와 싸운다면 돌이킬 수 없는 결과를 초래할 수 있다는 사실을 명심하세요. 바뀐 아이의 모습에 적응되지 않더라도, 할 수 있는 한 스스로 감정을 다스린 후에 다시 차분히 대화할 수 있어야 합니다. 그래야 성에 대한 낯선 이야기를 시작할 수 있습니다. 일상의 대화도 쉽지 않은 상황에서 아이와 성에 대한 이야기를 하는 것은 더욱 어렵겠지요. 이 책을 사용하기 전에 먼저 사춘기 아이의 성장통에 대한 충분한 이해와 배려가 필요합니다. 그래서 이 책은 사춘기 시작 전에 사용하면 좋습니다. 남자아이는 초등학교 고학년, 여자아이는 초등학교 4년부터 시작을 권합니다. 물론 소통이 잘 되어 사춘기에 하면 더욱 좋겠지요.

이 책을 함께 나누기 위한 방법

이 책을 아이와 함께 읽을 때는 아이에게 억지로 강요해서는 안 됩니다. 반드시 순서에 따라 아이와 상의하시길 바랍니다.

먼저, 이 책을 함께 공부하는 이유에 관해서 설명합니다. 아이와 이야기를 시도할 때는 아이 방에 노크도 없이 갑자기 들이닥쳐서는 안 됩니다. 아이가 휴식 시간을 가질 때, "OO아, 아빠랑 잠시 10분 정도 이야기할까?" 하고 먼저 의사를 물어보아야 합니다. 이야기할 시간도 10분 혹은 20분으로 정해서 물어보세요. 아이가 혹시 "나중에요"라고 한다면 존중해 주세요. 빨리 해야 한다는 조급함은 내려놓고, 다음날 대화할 기회를 보고 물어봐도 됩니다. 함께 이 책을 공부하는 이유에 대해 설명할 시간을 별도로 확보하시길 바랍니다.

다음으로, 이 책을 공부할 이유와 근거에 대해서 짧게 설명합니다. "이 책은 네가 사춘기에 겪는 여러 가지 문제를 잘 이해할 수 있게 도와줄 거야. 신앙적으로 어떻게 사춘기를 지나야 할지를 알려줘서 너의 성장을 도와 줄 거야. 아빠랑 같이 한번 해 보지 않을래?" 이렇게 동의를 먼저 구해야 합니다. 동의를 구하는 자세가 아이를 안심시키고 동기 부여도 일으킬 수 있습니다.

세 번째로, 구체적인 시간과 장소를 정합니다. "아빠와 토요일 저녁 9시마다 한 편씩 읽는 건 어때? 혹시 네가 편한 시간은 언제니?"라고 물어보면서 시간과 장소를 조율합니다. 시간과 장소를 정했다면 그때 나눔을 잘할 수 있도록 함께 기도합니다.

네 번째로, 혹시 진행 중에 함께 나누는 시간을 어기거나 거부하는 일이 생기더라도 인내하며 기다려 줍니다. 사춘기 아이들에게는 친구 관계가 어느 때보다 중요합니다. 친구와의 약속 등으로 혹시나 지키지 못하더라도 혼내지 말고 기다려 주는 자세가 필요합니다.

마지막으로, 아빠의 기도로 시작하고 마무리합니다. 아이가 하나님의 은혜와 사랑 가운데서 건강하게 자라도록 축복하고 기도해 줍니다.

CONTENTS

들어가는 말 : 여보, 어색해서 도저히 못 하겠어요　4

1

몸과 마음의 변화 :

"아빠, 저 궁금한 게 있어요."

01	요즘 외모에 신경이 많이 쓰여요	18
02	왜 몸에 없던 털이 나기 시작하죠?	22
03	나는 누구일까요?: 자존감과 자아 존중	26
04	아침에 일어났더니 팬티가 젖어 있어요!	30
05	남자는 포경 수술을 꼭 해야 하나요?	34
06	왜 마음에 드는 이성을 보면 이상한 느낌이 들죠?	38

2 여성에 대한 이해 :
"여자들도 사춘기를 겪나요?"

07	여자아이들이 갑자기 달라졌어요	44
08	여자아이들은 사춘기에 어떤 변화를 겪나요?	48
09	여자는 남자와 어떻게 다른가요?	52
10	여자는 왜 월경을 하는 거죠?	56

3 올바른 관계를 맺는 방법 :
"어떻게 친해져야 돼요?"

11	좋아하는 마음을 표현해도 되나요?	62
12	왜 상대방을 배려해야 하죠?	66
13	어떻게 하면 친구들에게 인기가 있을까요?	70
14	남자와 여자의 사랑은 서로에게 어떤 도움을 주나요?	74
15	어떻게 하면 말을 잘할 수 있을까요?	78
16	어떻게 친구에게 다가가야 하나요?	82
17	친구 사이에 고민이 있을 때는 어떻게 해야 할까요?	86

4 성숙을 위한 이성 교제 :
"좋아하는 여자아이가 있어요."

18	좋아하는 이성 친구가 있는데 사겨도 되나요?	92
19	이성교제를 한다면 어떻게 해야 하나요?	96
20	성관계는 언제 할 수 있나요?	100
21	이별은 어떻게 해야 하나요?	104

5 성경적 준비 :
"남자가 더 우월한 거 아닌가요?"

22	하나님은 왜 남성과 여성을 창조하셨나요?	112
23	왜 남자는 한 명의 여자와 살아야 하나요?	116
24	여자보다 남자가 더 우월하나요?	120
25	혼전 순결을 지켜야 하나요?	124

6

현실의 문제들 :

"어떤 게 맞는지 모르겠어요."

26 —	결혼 전에 동거해도 되나요?	130
27 —	동성애나 트랜스젠더를 어떻게 봐야 하나요?	134
28 —	음란물에 자꾸 눈이 가는데 어떻게 해야 하나요?	140
29 —	피임을 하면 성관계를 해도 괜찮나요?	144
30 —	데이트 폭력이 뭔가요?	148

1

몸과 마음의 변화 :

"아빠, 저 궁금한 게 있어요."

요즘 혹시 고민이 있니?
갑자기 외모에 신경이 쓰인다던가, 몸에 변화가 있다던가,
이유 없이 화가 나거나 참을성이 없어지는 것 같다던가 말이야.
넌 당황스럽겠지만 그건 자연스러운 성장의 과정이란다.
어떻게 하면 이 성장의 시간을 잘 보낼 수 있는지 아빠가 알려줄게.

\# 2차 성징
\# 외모컴플렉스
\# 몽정
\# 포경 수술

01

요즘 외모에
신경이 많이 쓰여요

요즘 부쩍 외모에 관심이 많이 생기나 보구나. 멋있는 남자를 보면 부럽기도 하고 나도 연예인처럼 잘생긴 얼굴을 갖고 싶다고 생각하기도 하고 말이야. 작년까지는 안 그랬는데 요즘 이상하게 외모가 신경쓰이는 건 왜일까?

그건 너무나 자연스럽고 건강한 고민이야. 이유를 설명하자면, 사춘기는 몸도 성장하지만 뇌도 함께 성장하는 시기거든. 특히 뇌의 기능 중 후두엽이라는 부분이 발달해. 후두엽이 발달하면 사람의 얼굴이나 사물을 세밀하게 관찰하고 구별하는 능력이 생긴단다. 그래서 자연스럽게 다른 사람이 나를 어떻게 볼지 신경 쓰이는 거야. 그땐 이렇게 생각하면 좋겠어.
'아, 내가 자신과 다른 사람을 좀 더 자세히 관찰하고 분석할 수 있는 시기가 됐구나'라고 말이야.

그런데 한 가지 문제가 있어. 내 외모를 자세히 관찰하기 시작하니 자꾸 마음에 들지 않는 부분이 눈에 들어와. 뚱뚱한 것 같기도 하고, 여드름이 많이 생겨서 신경 쓰이고, 헤어스타일부터 피부 색깔까지 신경 쓰이는 게 한둘이 아니야. 자꾸 남들과 비교하게 되고 자신감은 자꾸 작아져. 관찰하는 능력이 발달하는 건 좋은데, 관찰하다가 그만 속상해지기 시작하는 거지.

이럴 땐 어떻게 하면 좋을까? 말씀을 보면서 함께 생각해 보자. 내가 다른 사람과 나를 비교하면서 자신감이 없어질 때 성경에서 하나님은 이렇게 말씀하셔.

> 너의 하나님 여호와가 너의 가운데 계시니
> 그는 구원을 베푸실 전능자시라 그가 너로 인하여
> 기쁨을 이기지 못하여 하시며 너를 잠잠히 사랑하시며
> 너로 인하여 즐거이 부르며 기뻐하시리라 하리라(스 3:17).

우리는 매일 많은 사람을 보며 살아가. TV나 유튜브를 보면 잘생기고 멋진 연예인들이 얼마나 많은지, 그리고 나서 거울을 보면 내 자신이 왜 이렇게 못나 보일까?

그런데 말이야. 내가 나를 보는 것이 진짜 나의 모습일까? 하나님도 다른 사람과 비교하면서 날 평가하실까? 절대로 그렇지 않아. 하나님은 우리를 얼마나 좋아하시는지, 우리 때문에 너무 기뻐서 그 기쁨을 주체할 수 없을 정도라고 말씀하셔. 나는 내가 마음에 들지 않을 때도 하나님은 얼마나 나를 사랑하시는지 몰라.

왜냐고? 하나님이 우리를 만드셨기 때문이지. 게다가 우리를 하나님을 닮은 그분의 형상으로 지으셨어. 그래서 하나님은 우리를 너무나 예뻐하신단다. 그러니 가끔 거울을 보면서, 부정적인 생각이 들 때는 앞의 말씀도 함께 기억하자. 하나님은 우리를 너무나 기뻐하고 사랑하신다는 사실을. 우리가 자신을 평가하는 것보다 더 아름답게 보신다는 것을 말이야. 그게 우리의 가치야. 이걸 기억하면 다른 사람들과 비교하면서 생기는 부정적인 마음이 작아질 수 있어. 진짜 내가 누구인지에 관해서는 하나님이 가장 잘 아시니까 그분을 믿도록 하자.

STEP. 1 정리하기

다른 사람들이 나를 어떻게 볼지 자꾸 신경쓰인다면 이렇게 정리해 보자.

- 관찰하는 능력이 발달하는 시기라서 그래. 자연스러운 현상이니 이상하게 생각하지 말자.
- 나는 내가 마음에 들지 않더라도 하나님은 이런 나를 너무나 사랑스럽게 보셔.
- 왜냐하면 우리는 하나님을 닮은 존재들이기 때문이지.

STEP. 2 기억하기

고민은 하되 _____ 은 말자.
다른 사람들이 어떻게 보든지 _____ 하자.
하나님은 나를 _____ 하신다.

PRAY

하나님 아버지, 저를 하나님의 형상으로 만들어 주셔서 감사드립니다. 요즘 외모에 대해서 고민이 생기고 있습니다. 때로는 다른 사람과 비교도 합니다. 그럴 때마다 나의 부족한 모습을 보지 않고 중심을 보시는 하나님처럼, 나의 아름다운 모습을 보게 도와주세요. 지금도 나를 너무나 사랑한다고 말씀하시는 하나님을 믿고 신뢰하며 나를 존중할 수 있게 도와주세요. 예수님의 이름으로 기도합니다. 아멘.

기억하기 정답: 걱정, 당당, 인정

02

왜 몸에 없던
털이 나기 시작하죠?

요즘 몸에 갑자기 변화가 생겨서 당황했지? 어느 날 샤워를 하다가 겨드랑이나 성기 주변에 털이 나는 걸 발견했을 거야. 이유가 뭘까?

사춘기가 되면 특별한 호르몬이 만들어지기 시작해. 남자는 테스토스테론, 여성은 에스트로겐이라는 거야. 이 호르몬이 남자의 경우 피부를 두껍게 하고, 근육을 만들고, 목소리도 아저씨같이 굵어지게 하지. 겨드랑이나 성기, 턱에 털이 자라게도 하고 말이야. 신기한 건 이 호르몬이 몸뿐만 아니라 마음에도 영향을 줘. 그래서 갑자기 슬프거나 기쁜 마음이 들기도 하고 예전에 없던 반항심도 생기는 거야.

호르몬으로 몸과 마음에 큰 변화가 생기는 걸 보고 처음에는 놀랄 수도 있어. 하지만 이것 역시 몸이 건강하게 자라고 있다는 신호니까 너무 걱정하지 않았으면 해. 이제 진짜 어른이 되는 준비를 하는 거야.

아빠처럼 가슴도 넓어지고, 힘도 세지고, 남자다워지는 거지. 아빠와 목욕탕에 가면 아빠의 몸이 너와 다르다고 생각했을 거야. 그런데 이제 너도 아빠 몸의 생김새와 같아질 거야. 만약 털이 나지 않고, 골격도 변하지 않는다면 그건 성장을 하지 않는 거야. 그러니, 어른의 몸이 된다는 것이 얼마나 감사한 일인지 몰라. 앞으로 이런 변화를 볼 때 불안해하지 말자. 건강하게 잘 자라고 있다는 신호니까.

예수는 그 지혜와 그 키가 자라가며
하나님과 사람에게 더 사랑스러워 가시더라(눅 2:52).

예수님은 이 땅에 사람으로 오셨어. 원래 성자 하나님이시지만, 우리를 위해서 사람으로 태어나셨지. 예수님은 우리와 똑같이 키도 크고 몸도 자라나셨어. 예수님도 몸이 자라면서 우리와 똑같은 변화를 경험하셨을 거야. 이런 변화는 이상한 것이 아니라, 하나님이 보실 때도 너무나 사랑스러운 과정이란다.

하나님은 우리의 몸과 마음의 변화를 격려하고 사랑하셔. 하나님이 우리를 창조하실 때, 거의 20년 동안 성장하도록 만들어 주셨어. 남자든 여자든 20년 동안은 계속 크는 거야. 그렇게 자라는 가운데 여러 변화가 나타나는데, 사춘기 때 변화가 적응하기 힘들 정도로 가장 빠르고 다양하지.

그런데 이런 변화로 어떤 결과를 얻게 될까? 그것은 진짜 어른이 되는 거란다. 이제 진짜 남자로서 준비되어 가는 거지. 남자로서 책임감도 강해지고, 어려운 일을 이길 담대함도 가지게 돼. 나중에는 사랑하는 여성과 결혼해서 가정을 이루고 가정의 리더 역할도 할 수 있게 된단다. 아버지가 되어 자녀를 양육할 수도 있지.

이런 여러 몸의 변화가 생길 때 나에게 건강한 몸을 허락해 주시고 성인으로 성장시켜 가시는 하나님께 감사하자. 그리고 남자로서 순결하고 튼튼하게 잘 자라도록 함께 기도하자.

STEP. 1 정리하기

왜 몸과 마음에 이런 변화들이 생길까? 궁금하면 이렇게 정리해 보자.

- 사춘기 때 성호르몬이 나오기 때문이야.
- 몸과 마음의 변화를 하나님은 너무나 사랑스럽게 보셔.
- 하나님이 우리를 성장하도록 창조하셨기 때문이야.

STEP. 2 기억하기

1. 몸의 변화는 _____ 의 섭리이다.
2. 하나님은 우리의 몸을 _____ 하신다.
3. 내 몸이 낯설어도 _____ 하지 말자.

> **PRAY**
>
> 하나님 아버지, 저를 성장할 수 있는 몸으로 만들어 주셔서 감사드립니다. 몸이 성장하면서 과거에 볼 수 없었던 변화 때문에 두려워하지 않게 도와주세요. 내 몸의 변화를 기쁘게 받아들이고, 하나님께 감사할 수 있는 마음을 주세요. 몸과 마음의 변화를 보면서, 앞으로 건강한 남성으로 건강하게 완성될 수 있게 도와주세요. 예수님의 이름으로 기도합니다. 아멘.

기억하기 정답: 창조, 기뻐, 두려워

03

나는 누구일까요?
: 자존감과 자아 존중

    같은 반 친구 중에 키도 크고 잘생긴 친구가 있을 거야. 공부를 잘하거나 운동을 잘하는 친구도 있지. 그런 친구들과 있으면 왠지 내가 자꾸 작아지고, 자신감도 사라지는 것 같지 않니?

    사춘기가 되면 이런 고민을 더 많이 하게 돼. 왜 이렇게 남에게 비교해서 나를 평가하는 고민이 생길까? 그건 사춘기가 자아가 만들어지는 시기이기 때문이야. 무슨 말이냐고? 이제부터 '나'는 누구이고 어떤 존재인가에 대해서 진지하게 관찰하고 고민하게 되는 시기라는 거지.

    너는 어떤 사람이라고 생각하니? 예전에는 그저 아빠 엄마의 아들이라고 생각했다면, 이제는 아빠 엄마와 분리된 내가 누구인지를 탐색해야 해. 때로는 '나는 왜 태어났지?' '앞으로 나의 미래는 어떻게 될까?' 이런 수많은 '나'에 관한 질문들이 폭발적으로 쏟아질 수도 있어. 이걸 자아가 만들어지는 과정이라고 해.

다른 말로 가치관이 형성되는 시기라고도 하지. 이 과정은 혼란스럽고 어려울 수 있어. 하지만 이런 고민이 필요해. 이제 서서히 부모에게서 독립하고 성인이 되면 스스로 판단하고 선택해야 하잖아. 그때 자기 자신에 대한 확신이나 가치관이 형성돼 있지 않으면 끊임없이 다른 사람의 의견에 휘둘려서 살게 되거든.

반대로 지금 고민의 시기를 잘 지나게 되면, 스스로 계획하고 결정하는 멋진 남자가 될 수 있단다. 그리고 고민을 건강하게 잘 해결해서 스스로 높은 가치를 부여할 때 건강한 자아가 만들어져.

자신을 어떻게 평가하는지를 자존감이라고 하는데, 자신에게 높은 점수를 주면 좋은 자존감이 생겨. 좋은 자존감이 생기면 잘생긴 친구와 비교하며 열등감을 느끼지도 않겠지?

> 영접하는 자 곧 그 이름을 믿는 자들에게는
> 하나님의 자녀가 되는 권세를 주셨으니 (요 1:12).

나는 누구일까? 이 질문은 사실 매우 어려운 질문이란다. 인류 역사가 시작된 이후로 많은 철학자들도 평생을 씨름한 문제거든. 그런데 인간이 스스로 여기에 대한 답을 찾는 건 불가능해. 자신이 어떤 사람인지 찾기 위해 세상과 타인을 관찰해 봤자, 그것도 모두 가치가 변하는 상대적인 것들이기 때문이지.

그럼 어디에서 찾아야 할까? 성경에서 찾아야 해. 우리의 정체성과 진짜 가치는 하나님께서 나를 어떻게 보시는지에 달려 있어. 성경은 하나님이 우리를 자녀로 삼아 주셨고, 엄청난 복을 주셨다고 말해. 하나님은 우리에게 영원한 생명을 주셨고, 우리의 기도를 항상 듣고 계실 뿐만 아니라, 우리를 너무나 사랑한다고 말씀하셔.

우리의 참된 자아와 가치가 여기 있단다. 우리는 나보다 멋있는 친구의 외모나 성적을 보며 비교하지만, 하나님이 주신 정체성을 믿는다면 진짜 자존감을 가지고 자유로워질 수 있어. 하나님은 이미 너를 충분히 아름답고 뛰어나게 만드셨단다. 또한 너에게 필요한 게 무엇인지 다 알고 계시지. 그러니까 질문과 걱정이 많아질 때는 우리의 머리카락까지 헤아리시는 하나님과 더 깊이 시간을 보내길 바라.

STEP. 1 정리하기

나는 누구일까?라는 질문이 계속 생긴다면 이렇게 정리해 보자.
- 자신을 어떻게 생각하는지에 대해서 생각을 시작하는 시기라서 그래.
- 우리는 하나님의 형상으로 지음 받은 자녀이자 사랑 받는 존재임을 믿자.
- 하나님이 주신 참된 자아와 건강한 자존감을 회복하자.

STEP. 2 기억하기

1. 외모에 대한 고민은 _____ 가 만들어지는 시기이기 때문이다.
2. 좋은 _____ 가 만들어지면 외모 고민이 줄어든다.
3. 좋은 자아는 하나님의 사랑을 _____ 할 때 형성된다.

PRAY

하나님 아버지, 내가 누구인지 생각할 수 있게 도와주셔서 감사드립니다. 내가 누구인지 생각하면서, 좋은 자아가 만들어질 수 있게 도와주세요. 나 자신을 높이 평가할 수 있는 지혜를 주세요. 하나님의 사랑을 항상 확신하고 하나님께서 나와 항상 동행하심을 믿고 안심할 수 있게 도와주세요. 예수님의 이름으로 기도합니다. 아멘.

기억하기 정답: 자아, 자아, 확신

아침에 일어났더니
팬티가 젖어 있어요!

사춘기 때 제일 당황스러운 일이 뭘까? 아마도 몽정일 것 같아. 몽정이 뭐냐면, 자는 동안 사정이 일어나 정액이 흘러나오는 현상이야. 나도 모르게 자다가 벌어지는 일이지.

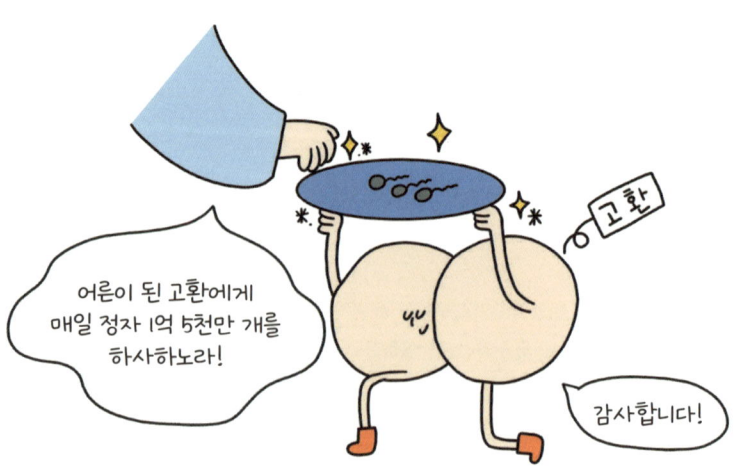

아침에 일어났는데 팬티가 젖어 있거나 이불이 젖은 경우가 있을 거야. 몽정에 대해 모르고 이런 일이 생기면 혹시 내가 자다가 오줌을 쌌나, 하고 당황하고 부끄러울 수도 있어. 너무 놀란 나머지 팬티를 숨기는 경우도 있지. 하지만 팬티를 숨기면 냄새뿐만 아니라 위생적으로도 안 좋을 수 있으니 꼭 세탁해서 깨끗하게 해야 해.

몽정을 했다면, 그날은 부끄러운 날이 아니라 축하를 받아야 하는 날이야. 왜냐면 이제 남자로서 몸이 거의 완성되었다는 뜻이거든. 아이가 아니라, 성인 남성으로서 당당히 새로운 생명을 잉태할 수 있는 능력을 갖추게 된 거야.

이런 몽정 현상은 지극히 자연스러운 건데 단순히 몸에서 과하게 생성된 정액을 배출하기 위해서야. 몽정할 때 나오는 정액에는 정자라는 것이 들어 있어. 정자는 여성의 난자와 만나서 아이를 만드는 씨앗이지. 이제 사춘기가 되면 남자가 아이를 낳을 수 있는 생식기능이 발달하는데, 그래서 남자의 씨앗이 만들어진 거야.

정자는 남자 생식기 밑의 고환에서 만들어져. 고환은 두 개의 방울처럼 생겼는데 두 개의 크기는 다르니까 혹시 크기가 다르다고 이상하게 생각하지 마. 이 고환에서 정자가 만들어지고, 생식기로 배출될 때는 정자 혼자 나오는 게 아니라, 전립선액이라는 액체와 함께 밖으로 나와. 전립선액은 끈적끈적하지.

나중에 결혼해서 아내와 성관계할 때 남자의 생식기가 여성의 몸에 들어가서 정자를 넣게 돼. 그러면 남자의 정자가 여성의 몸 속에 있는 난자와 만나서 아이를 만들게 되지. 몽정을 하고 나면 그날부터는 특별히 생식기를 더 깨끗하게 관리를 잘해야 한단다.

너희 몸은 너희가 하나님으로부터 받은바
너희 가운데 계신 성령의 전인 줄을 알지 못하느냐
너희는 너희 자신의 것이 아니라(고전 6:19).

하나님은 우리의 몸을 하나님의 것이라고 말씀하셔. 우리가 예수님을 믿는 순간 하나님의 자녀가 되잖아. 이때부터 우리 몸은 예수님의 피로 값 주고 사신 것이 된 거야. 그래서 우리 몸을 이전보다 더욱 아끼고 사랑하고 소중하게 다룰 수 있어야 해.

몸이 성장하면서 일어나는 많은 변화가 있지? 몽정도 고환이 성장하면서 일어나는 현상이야. 이런 현상을 만날 때마다 우리 몸을 건강하게 잘 자라게 하신 하나님께 감사하자. 특히 몽정은 지금까지 아이의 과정을 잘 거치고 남성으로 성장할 수 있게 하신 것에 감사해야 해. 생명을 탄생시킬 수 있게 되었다는 뜻이니까 말이야. 이제 특별히 더 내 몸을 소중히 여기고, 청결하게 관리해야겠지? 그리고 결혼할 때까지 순결하게 살 수 있도록 함께 기도하자.

STEP. 1 정리하기

몽정이라는 현상에 대해 몰랐다면 이렇게 정리해 보자.
- 몽정은 밤새 자는 동안 사정하는 현상이야.
- 정상적인 현상이니 내 몸이 건강하게 성장하고 있는 것에 감사하자.
- 내 몸은 하나님의 것이기 때문에 소중하고 순결하게 관리하자.

STEP. 2 기억하기

1. 아침에 팬티가 젖어 있는 현상을 _____ 이라고 한다.
2. 몽정을 할 때 당황스럽겠지만, 건강하게 성장하는 몸을 보며 하나님께 _____ 하자.
3. 내 몸은 하나님의 것이기 때문에 _____ 하게 관리하자.

> **PRAY**
>
> 하나님 아버지, 나의 몸이 건강하게 성장할 수 있게 도와주셔서 감사드립니다. 아침에 일어날 때 당황스러운 일이 생겨도 성장하는 몸을 주신 하나님으로 인해 안심할 수 있게 도와주세요. 앞으로 내 몸의 주인 되신 하나님을 위해서 깨끗하게 관리하고 순결을 잘 지켜 날 수 있게 도와주세요. 예수님의 이름으로 기도합니다. 아멘.

기억하기 정답: 몽정, 감사, 순결

05

남자는 포경 수술을
꼭 해야 하나요?

목욕탕에 가면 어른들의 성기 모양이 아이들과 좀 다른 걸 볼 수 있을 거야. 아이들은 그냥 고추처럼 생겼는데, 어른들은 버섯 모양으로 생겼어. 가끔 아이 중에서도 성기가 버섯처럼 생긴 아이들이 있는데 그건 포경 수술을 해서 그런 거야. 포경 수술은 꼭 해야 하는 걸까?

포경 수술을 설명하려면 성기의 구조를 알아야 하는데, 크게 세 부분으로 나눌 수 있어. 뿌리, 몸통, 머리야. 뿌리 부분은 뼈에 붙어 있다 보니 살에 덮여서 안 보이고, 우리 눈에 보이는 부분은 몸통과 머리야. 머리 부분이 약간 버섯의 윗부분처럼 생겼지? 이걸 귀두라고 해. 귀두는 보통 살에 덮여 있거든. 귀두를 덮은 살을 포피라고 하는데 이걸 잘라 내는 수술이 바로 포경 수술이지.

친구들끼리 포경 수술에 관해 이야기할 때가 있을 거야. 너무

무섭게만 보는 친구들도 있고 포경 수술에 대해 오해하는 친구들도 많아. 그런데 포경 수술의 가장 중요한 이유는 청결이란다. 귀두와 귀두를 덮고 있는 부분 사이에 약간 공간이 생기는데, 거기에 세균이나 이물질이 들어갈 수 있어.

물론 평소 샤워할 때 표피를 살짝 벗기고 깨끗하게 관리하면 굳이 포경 수술을 하지 않아도 돼. 수술하지 않는다고 큰일이 나는 건 아니야. 세계적으로 포경 수술을 하지 않는 나라가 더 많고, 오히려 결혼 뒤에 성관계를 할 때 포경 수술을 안 한 사람이 한 사람보다 만족감이 더 크다는 이야기도 있어. 만약 네가 성인이 되고 난 뒤에도 귀두와 포피가 잘 분리되지 않거나 자주 염증이 생기고 불편하다면 그때 수술을 결정해도 돼.

> 하나님이 지으신 그 모든 것을 보시니
> 보시기에 심히 좋았더라
> 저녁이 되고 아침이 되니 이는 여섯째 날이니라(창 1:31).

하나님은 천지를 엿새 동안 창조하셨어. 마지막 여섯 번째 날에는 인간을 만드시고 "심히 좋았다"라고 하셨지. 닷새 동안 창조하신 만물에 대해서도 "좋았다"라고 말씀하셨지만, 우리를 보시고는 너무나 좋다고 강조하셨어. 이 말씀은 하나님께서 우리를 얼마나 사랑하시는지 보여주는 말씀이야.

그런 우리 몸을 하나님이 만드셨어. 하나님은 창조주이고 우리는 피조물이야. 하나님이 우리의 주인이시기 때문에, 우리는 우리 몸을 소중하게 가꾸고 아껴야 한단다. 특별히 남자의 성기는 깨끗하고 정결하게 관리해야 해. 나중에 사랑하는 여성과 결혼하고 누릴 기쁨과 복을 위해서 말이야.

하나님은 남편과 아내라는 가정 안에서 육체적 결합을 계획하셨어. 뿐만 아니라 영적, 정신적 결합이기도 한 관계를 위해 지금부터 몸을 소중히 잘 관리하자.

STEP. 1 정리하기

포경 수술에 관해 궁금했다면 이렇게 정리해 보자.
- 포경 수술은 청결을 위함이다.
- 포경 수술은 부모님과 잘 상의하고 결정하자.
- 이후에 누릴 기쁨과 복을 위해 남자의 성기를 깨끗하게 관리하자.

STEP. 2 기억하기

1. 남자의 성기를 덮고 있는 포피를 제거하는 수술을 _____ 이라고 한다.
2. 남자의 성기는 하나님께서 주셨기 때문에 _____ 하게 생각하자.
3. 결혼해서 _____ 을 이룰 때까지 남자의 성기를 잘 관리하자.

PRAY

하나님 아버지, 우리의 몸이 자랄 수 있게 도와주셔서 감사합니다. 우리의 몸은 모든 부분이 소중하다는 사실을 기억합니다. 특히 남자의 성기를 깨끗하고 소중하게 잘 관리할 수 있게 도와주시고, 세상의 많은 성적인 유혹과 타락에 빠지지 않는 선한 마음을 주시고, 거룩하게 잘 관리할 수 있게 도와주시옵소서. 예수님의 이름으로 기도합니다. 아멘.

기억하기 정답: 포경 수술, 감사, 가정

마음에 드는 이성을 보면
왜 이상한 느낌이 들죠?

어떤 여자 친구를 보고 전에 없던 감정이 생길 때가 있을 거야. 심장이 두근댄다던가, 얼굴이 빨개진다던가, 부끄러워지기도 하고 말이야. 내가 왜 이러지? 하고 고민해 본 적은 없니?

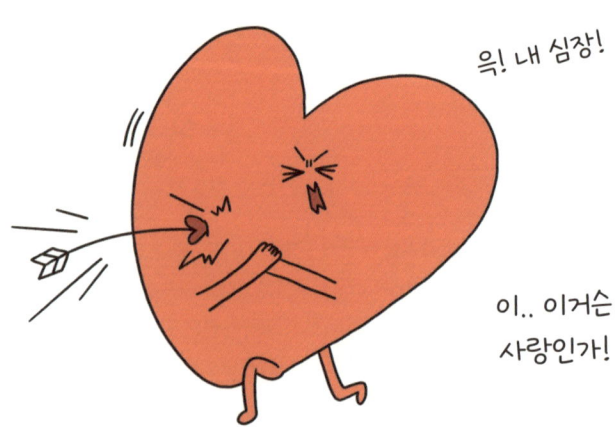

유튜브를 볼 때도 전에는 전혀 관심이 없던 영상인데, 어느 순간부터 예쁜 여자들이 나오는 영상을 나도 모르게 누르고 있는 걸 발견해. 혹시 내가 이걸 보고 있다는 사실이 드러날까 봐 조마조마해 하면서 보기도 하지. 어떤 날은 여성의 몸이 자세하게 나오는 영상을 계속 터치하면서 보는 일도 생겨. 왜 그럴까?

사춘기는 이렇게 여자에 대해서 특별한 감정이 생기는 시기야. 내가 맘에 드는 여성을 볼 때 심장이 두근대고, 자꾸 생각나고, 부끄러워지는 이유는 이제 사랑이라는 감정이 생기는 시기가 됐기 때문이지. 인간은 세상에 태어나서 조금씩 감정이 발달해. 슬픔, 기쁨, 분노, 만족, 감사 등과 같은 다양한 감정이 발달하는데, 제일 마지막에 발달하는 감정이 뭔지 아니? 그게 바로 사랑이란다. 이성을 좋아하는 감정이지. 다른 감정들보다 10년 정도 뒤에 발달하는 감정이야.

사랑은 왜 이렇게 늦게 발달할까? 그건, 몸의 성장과 사랑이라는 감정의 성장이 함께하기 때문이야. 신체적으로 어른이 될 준비가 됐을 때, 감정도 비로소 발달하는 거지. 그래야 몸과 마음이 어른으로 동시에 준비가 되니까 말이야. 그러니 이성에 대해서 특별한 감정과 호기심이 생길 때 부끄러워하지 말고, '아 나도 이제 어른이 되는 감정이 생겼구나'라고 이런 감정을 존중하자. 이성을 좋아하는 마음은 아주 건강한 거란다.

> 나의 사랑 너는 어여쁘고
> 아무 흠이 없구나(아 4:7).

아가서는 남자와 여성의 사랑에 관해 노래해. 이 말씀은 남자가 사랑할 때 얼마나 행복하고 그 모습이 아름다운지를 잘 표현하고 있어. 하나님은 이성에 대해 관심을 가지고 사랑으로 발전하는 마음에 대해서 정죄하시지 않아. 하나님이 남자와 여자를 만드셨고 함께 행복하기를 원하셔서 서로에게 끌리도록 하셨거든. 성경의 저자도 너무나 아름답게 표현하고 있지? 이제 너에게도 이런 사랑의 감정이 시작이 된 거란다.

이성에 대한 호감의 감정이 생길 때, 낯설기도 하고 쑥스럽기도 해서 아이들은 숨기려고 해. 좋아하는 아이에 관해 물어보면 창피해서 얼굴이 빨개지기도 하지. 그런데, 이런 마음을 하나님께도 숨기는 것보다 기도하면서 사랑이라는 감정을 느끼게 하심에 감사하는 네가 되면 좋겠어.

사랑의 감정 자체는 죄가 아니야. 이런 감정을 상처가 되도록 표현할 때 죄가 되는 거거든. 그러니 이성에 대한 특별한 마음을 주신 하나님을 찬양하고 나와 주변의 친구들을 격려하자.

STEP. 1 정리하기

이성에 대한 감정이 생길 때 이렇게 정리해 보자.
- 사춘기는 여성에 대해서 특별한 감정이 생기는 시기야.
- 이성에 대한 호기심은 사랑이라는 감정이 발달하는 건강한 신호야.
- 하나님은 이성에 대한 호기심에을 정죄하지 않으셔.

STEP. 2 기억하기

1. 이성에 대한 호기심은 _____ 이라는 감정의 발달 때문이다.
2. 이성에 대한 관심을 _____ 하지 말자.
3. 하나님이 나에게 사랑의 감정을 주셨으니 사랑의 감정을 _____ 하자.

PRAY

하나님 아버지, 나에게 이성에 대한 호기심이 생길 수 있게 해 주셔서 감사합니다. 여자에 대해서 특별한 관심이 생기기 시작할 때, 하나님께 감사하겠습니다. 내가 사랑이라는 감정이 발달하기 시작했고, 이 감정을 주신 분은 하나님이시기 때문입니다. 하나님께서 주신 사랑의 감정을 스스로 존중하고, 소중히 여길 수 있도록 도와주세요. 예수님의 이름으로 기도합니다. 아멘.

기억하기 정답: 사랑, 부끄러워, 감사

2

여성에 대한 이해 :

"여자들도 사춘기를 겪나요?"

부쩍 주변의 여자 친구들이 궁금해질 때가 올 거야.
TV나 인터넷에서 예쁜 여자가 나오는 광고를 볼 때마다
눌러보고 싶은 호기심도 생기겠지. 이건 자연스러운 현상이야.
하지만 우리가 여성에 대해 제대로 알고 있는 정보가 얼마나 될까?
여성에 대해 알아야 그들을 배려하고 이해할 수 있어.

\# 여자친구
\# 생리
\# 월경
\# 이성

07

여자아이들이 갑자기 **달라졌어요**

 평소에 잘 웃고 장난도 치며 잘 지내던 여자 친구들이 언제부터 잘 웃지도 않고 종종 화가 난 것처럼 보일 때가 있어. 이런 여자아이들의 모습을 어떻게 이해해야 할까?

사춘기가 되면서 여자아이들의 성격이 변하는 것처럼 느껴질 때가 있을 거야. 활발하던 아이인데 어느 날부터 남자아이들을 피하거나 말수가 줄어들기도 하고, 어떤 날은 짜증을 내거나 쉽게 울기도 해. 이건 여자 아이들도 사춘기에 정서적으로 기복이 심해지고 여러 가지 변화 때문에 스트레스를 받기 때문이야.

또 이전에는 남녀라는 성을 딱히 구별하지 않고 스스럼없이 지냈다면 이제는 성별의 의미를 알게 되고 남자아이들을 이성적으로 구별하는 데에서 오는 거리두기도 생기지.

감정도 여성이 남자보다 평균적으로 더 풍부하고 다양한 변화를 가지게 돼. 그래서 여성은 이전보다 행동이나 말을 더 조심스럽게 할 때도 있고, 어떤 때는 무표정해 보이거나 화가 난 것처럼 보일 때도 있는 거지. 남자보다 더 섬세한 탓에 더 많은 변화를 겪고 있다고 생각하고 배려하는 마음으로 이해하자.

모든 겸손과 온유로 하고 오래 참음으로
사랑 가운데서 서로 용납하고(엡 4:2).

누군가가 이유도 없이 갑자기 나에게 화를 내면 기분이 나쁘겠지? 게다가 나랑 원래 친했던 사람이 그러면 더 마음이 상할 거야. 그런데 나중에 시간이 지나고 나서 차분히 이야기해 보면, 그럴 만한 이유들이 다 있더라.

너도 별일이 아닌데 갑자기 화가 날 때가 있을 거야. 부모님이 지나치게 간섭을 하거나, 말도 없이 핸드폰을 열어볼 때 같은 경우에 말이지. 마찬가지로 사춘기 때는 이때까지 경험하지 못한 급격한 감정 변화를 많이 겪게 되거든. 그래서 이렇게 서로 이유를 모르고 감정이 상하거나, 나를 다르게 대하는 태도에 마주쳐도 일단 먼저 따지지 말고 잠시 기다려주는 것도 좋은 방법이란다.

여자 친구들과의 관계뿐만 아니라, 다른 동성 친구나 가족과의 관계에도 마찬가지야. 서로 너무 친하다 보니까 상처 되는 말을 하고 마음이 상할 때도 있잖아? 그럴 때 바로 이야기하기보다는 마음이 아프지만 잠시 기다리고 이해하려는 노력도 필요하단다. 여자 아이들이 사춘기의 몸과 마음의 변화에 더 많이 민감하다고 생각하면 충분히 인내할 수 있겠지?

STEP. 1 정리하기

여자 친구들이 이해 안 될 때 이렇게 정리해 보자.
- 여성은 남자보다 더 큰 변화를 겪어.
- 여성은 가슴의 변화, 월경의 시작으로 기분이 크게 변하기도 해.
- 여자 친구들의 성격적 변화를 참고 기다려줄 필요가 있어.

STEP. 2 기억하기

1. 사춘기때 몸의 변화는 남자보다 여성이 훨씬 더 _____ .
2. 여자 친구들의 성격이 갑자기 변한 것처럼 보여도 _____ 하자.
3. 성경은 우리에게 서로의 연약함에 대해서 _____ 를 말씀하고 있다.

PRAY

하나님 아버지, 우리에게 사춘기의 과정을 허락해 주셔서 감사합니다. 몸이 변하면서 불안할 때도 있고, 걱정이 될 때도 있지만, 강건한 몸으로 건강하게 자랄 수 있도록 도와주시기 원합니다. 이런 성장에서 오는 변화로 인해 여자 친구들이 겪는 변화를 좀더 잘 이해할 수 있게 도와주시고, 때로는 인내할 수 있는 마음도 허락해 주시기 원합니다. 예수님의 이름으로 기도합니다. 아멘.

기억하기 정답: 크다, 인내, 인내

08

여자아이들도 사춘기가 되면
몸이 변하나요?

구체적으로 여자아이들의 사춘기 과정을 살펴볼까? 우리가 미리 여자아이들의 몸과 마음의 변화를 일찍 이해한다면, 학교에서 서로 더 좋은 관계로 지낼 수 있을 거야.

남자의 몸과 마음이 변하듯이 사춘기가 되면 여자도 여러가지 변화를 경험해. 이유는 역시 성호르몬 때문이야. 여성은 난소에서 에스트로겐이라는 호르몬이 나와서 가슴도 커져. 남자가 어깨가 넓어지는 것처럼 여자는 허리가 가늘어지고 가슴이 나오는 거야. 혹시 가슴을 보호하기 위해 브래지어를 착용하는 여자아이들을 보고 놀리거나 짓궂게 굴면 안 되는 거 알지?

또 골반이 벌어지기 시작해서 엉덩이도 발달해. 남자와 마찬가지로 성기 주변에 음모가 자라는 한편, 월경이라는 것도 시작하지. 근육이 줄어들고 체지방이 늘어나는 것도 특징이야.

여자의 변화 중 특히 초경은 몸에 큰 변화를 가져오기 때문에 기간 중에 여자들이 예민해질 때가 있어. 월경이 시작되면 며칠 동안 힘들고 기분도 안 좋단다. 남자만큼이나 여성도 여러 변화를 겪는 걸 알겠지?

네 목은 무기를 두려고 건축한 다윗의 망대
곧 방패 천 개, 용사의 모든 방패가 달린 망대 같고
네 두 유방은 백합화 가운데서 꼴을 먹는
쌍태 어린 사슴 같구나(아 4:4-5).

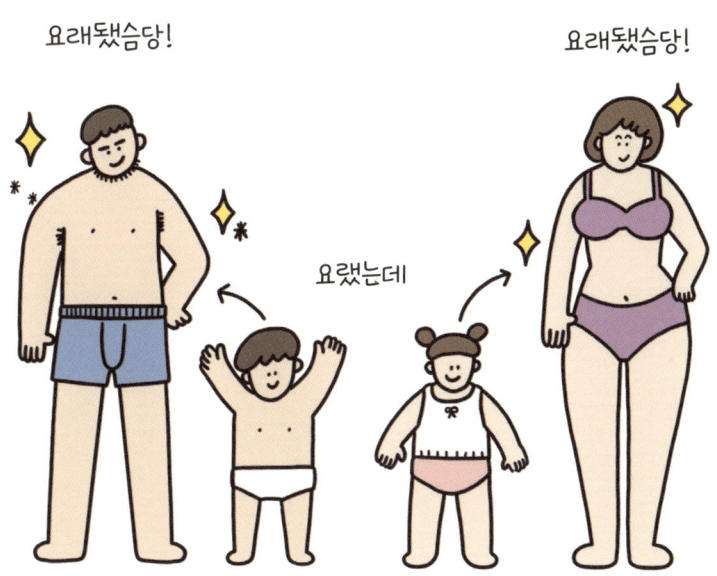

성경은 여성의 몸에 대해서 아름답다고 말씀하고 있어. 앞의 말씀은 솔로몬왕이 신부가 될 여성을 보고 쓴 구절인데, 사랑하는 여인을 너무나 아름답게 묘사하고 있지. 이렇게 성경이 여성의 몸을 아름답다고 기록하고 있는 이유가 뭘까? 남자의 몸처럼, 여성의 몸도 하나님이 보실 때 사랑스럽고 아름답기 때문이야. 하나님께서 소중하게 여기고 사랑하는 여성을 우리도 아끼고 존중해야 해. 남성들이 때론 지키고 보호해 줘야 할 때도 있어.

혹시 학교에서 여자 친구들이 남자와 다르게 변하는 몸을 보면서 놀리거나 장난을 치는 일은 절대로 해서는 안 돼. 아무리 장난이라도 감수성이 예민한 사춘기에는 큰 상처가 될 수 있거든. 요즘 성범죄의 모습이 다양해지고 있는데 여성의 몸으로 농담을 하거나 장난치는 것은 특별히 조심하자. 오히려 서로 배려하고 도울 일은 도와주는 것이 성숙한 모습이야.

STEP. 1 정리하기

여자에 대해서 이렇게 정리해 보자.
- 여자도 남자와 똑같이 몸과 마음에 큰 변화를 겪어.
- 여자와 남자는 한 쪽이 열등하거나 못나지 않고 똑같이 소중해.
- 하나님께서 하나님의 형상으로 여자도 만드셨어.

STEP. 2 기억하기

1. 여성은 하나님의 _____ 로 만들어진 존재이다.
2. 남자와 똑같이 여자도 하나님의 _____ 으로 만들어졌다.
3. 여성을 _____ 하기 위해서 여성의 몸과 마음에 대해서 배우자.

PRAY

하나님 아버지, 우리를 남자와 여자로 만들어 주셔서 감사합니다. 여자도 남자처럼 똑같이 하나님의 형상으로 만들어졌음을 믿습니다. 여자도 소중한 하나님의 형상으로 만들어진 하나님의 자녀이기 때문에 존중하고 배려하는 마음을 주시고, 여성을 더욱 잘 이해할 수 있는 지혜도 허락해 주시옵소서. 예수님의 이름으로 기도합니다. 아멘.

기억하기 정답: 창조, 형상, 존중

09

여자는 남자와
어떻게 다른가요?

전에는 궁금하지 않았는데 새롭게 궁금해지는 것들이 있지? 이제부터 여자에 대해 관심이 많아질 거야. 그렇다면 친해지기 위해서는 여자가 어떤 존재인지 알아야겠지?

가장 큰 차이점인 남녀의 신체적인 변화는 근육 양이나, 몸을 보호하는 지방의 두께, 성대의 길이 변화, 심지어 뇌의 구조까지 서로 다르게 발전해. 예를 들면, 남자는 공간에 대한 이해 능력이 발달하고 여성은 사람들과 이야기하고 관계를 맺는 능력이 발달하는 식이야. 쉽게 이야기하면 지도를 보면서 길을 찾는 일은 남자가 더 잘하고, 말을 이해하고 알아듣는 능력은 여성이 좀 더 낫다는 거지.

정서적으로는 스스로 여성이라는 정체성을 진지하게 마주하게 된단다. 좀 더 성숙해지는 반면 내면으로 숨어들 수도 있지. 그래서 원래는 같이 짓난도 치고 뛰어놀던 여자 아이들이 얌전해졌다고 느낄 수도 있어. 이러한 여성의 몸과 마음의 변화를 이해할 수 있어야 존중하고 서로 좋은 관계가 될 수 있겠지.

> 아담이 이르되 이는 내 뼈 중의 뼈요 살 중의 살이라
> 이것을 남자에게서 취하였은즉
> 여자라 부르리라 하니라(창 2:18).

여성은 어떻게 만들어졌을까? 하나님은 남자를 창조하시고 나서 여자를 만드셨다고 말씀하고 있어. 그렇다고 여성이 남자보다 못하다는 뜻은 아니야. 아담이 하와를 보고 "내 뼈 중의 뼈요 살 중의 살이라" 이렇게 말한 것은 여성이 남자와 똑같이 가치있고 소중한 존재라는 의미지. 남자와 형태는 달라도 말이야.

하나님은 아담을 위해서 여자를 만드시고 가정을 이루어 주셨어. 다른 두 사람이지만 한 몸과 같은 거야. 하나님은 아담과 하와를 보면서 한 몸이 되라고도 말씀하셨거든. 여자도 하나님의 형상으로 창조된 존재이기 때문에, 우리는 소중하게 생각하고 존중해야 한단다.

하나님은 서로 돕고 보완하라고 남녀를 만드셨어. 서로 생각하는 방식이나 소통 방식 등이 다를 수 있지만 그것이 어떤 한 개인을 규정짓는 것은 아니야. 그보다는 하나님이 주신 남성과 여성의 특징을 내재화하면서도 각각의 특별한 지으심대로 존중하는 것도 중요해. 존중하기 위해서 여성의 몸과 마음을 잘 아는 것은 필수이겠지?

STEP. 1 정리하기

여성에 대해서 이렇게 정리해 보자.
- 여성은 사춘기 때 가슴이 커지고 월경을 시작해.
- 남자보다 빨리 시작한다고 해서 장난치거나 놀리지 말자.
- 하나님께서 여성의 몸을 아름답게 보시니까 소중히 여기고 존중하자.

STEP. 2 기억하기

1. 변하는 여성의 몸을 보고 _____ 을 치지 말자.
2. 사춘기 여성의 가장 큰 몸의 변화는 _____ 과 _____ 이다.
3. 여성의 몸을 하나님은 아름답고 _____ 하게 보신다.

PRAY

하나님 아버지, 남자와 여자를 구별되게 만드시고, 서로 돕게 하시니 감사합니다. 남자처럼 여성도 하나님께서 사랑스럽게 보심을 믿습니다. 하나님께서 소중히 여기는 여성을 우리가 쉽게 여기고 장난치지 않게 도와주시고, 여성의 변화를 존중하고 소중히 여길 수 있는 마음도 허락해 주세요. 예수님의 이름으로 기도합니다. 아멘.

기억하기 정답: 장난, 가슴, 월경, 소중

여자는 왜
월경을 하는 거죠?

남자와 달리 여성만 겪는 아주 큰 변화가 월경이야. 앞에서 남자가 몽정을 하듯이, 여성은 월경을 시작해. 월경은 여성에게만 일어나는 일이다 보니 남자들은 월경에 대해 잘 모르는 경우가 많거든. 왜 여성이 월경을 하는지 궁금하지 않니?

몽정을 한다는 건 아기를 만들 수 있는 씨앗이 몸에서 만들어지기 시작했다는 것이고, 월경을 한다는 건 그 씨앗을 받아서 아기를 키울 수 있는 집이 만들어진다는 뜻이야. 그러니까, 몽정과 월경은 아기를 만들 수 있는 준비가 되었다는 의미지. 몽정은 정자가 만들어진 거고, 월경은 난자가 만들어진 거거든.

그런데 월경은 몽정보다 훨씬 더 번거롭고 불편한 일이야. 남자는 자다가 몽정을 하면 옷을 다시 빨고 몸을 씻으면 끝나는데, 여성은 며칠 동안 계속 몸에서 피가 흘러나오거든.

왜 며칠 동안 피가 흐를까? 이걸 알려면 여성의 신체를 먼저 알아야 해. 월경은 자궁이라는 곳에서 일어나는 일이야. 자궁은 남성의 성기가 위치한 곳보다 조금 아래쪽에 있어. 자궁은 아기 집이라고도 해. 아기 집은 한 달에 한 번씩 난자가 준비되어서 정자를 맞을 준비를 하거든. 그런데 정자가 들어오지 않으면 아기를 만들려고 준비한 집이 필요없으니 허물어지는 거야. 그 허물어진 집이 몸에서 빠져나오는 게 월경이란다.

며칠 동안 생리혈이라는 피가 빠져 나오게 되는데, 사람마다 조금 차이가 있어. 3일에서 길게는 7일 동안 나오기도 해. 피에 옷이 젖으면 안 되니까 생리대라고 하는 패드를 팬티에 부착하고 생활해. 월경은 시작하기 전부터 여러 가지 통증과 불편함이 있는 사람도 있고, 기간 중에는 월경통이라고 해서 두통이나 복

통을 호소하는 경우도 많아. 호르몬의 영향으로 기분이 나빠지거나 우울하기도 해. 남자아이들이 이런 여자 친구들의 월경을 이해하기는 어려워. 그래도 어느 날 여자 친구들이 몸이 안 좋아 보이는 날이 있다면 조용히 잘 배려해 주자.

너는 여인이 월경으로 불결한 동안에
그에게 가까이하여 그의 하체를 범하지 말지니라(레 18:19).

성경에도 여성의 월경에 대한 부분이 나와. 구약 성경에는 월경하는 여성에 대해서 부정하다거나 불결하다는 표현을 쓰고 있어. 몸에서 피를 흘리기 때문이지. 하지만 실제로 더럽거나 나쁘다는 뜻이 아니야. 구약 시대는 의식법이라고 해서, 선택받은 하나님의 백성들이 다른 민족과 구별해서 살라고 말씀하신 법이 있거든. 예를 들면, 돼지고기를 먹지 말라든지, 사체를 만지지 말라는 법이지. 월경에 관한 법도 의식법인데, 피 흘리는 게 나쁘다는 뜻이 아니라, 오히려 여성을 보호하기 위해 그런 거야.

월경하는 여성을 가까이하지 말라고 하는데 이건 피를 흘리는 동안 아주 각별히 위생과 청결에 힘을 써야 하기 때문이야. 피 흘리는 동안 몸도 마음도 지쳐 있기 때문에, 하나님은 월경하는 여성을 특별히 보호하시고 소중히 여기는 법을 주셨어. 그렇다면, 여자 친구들뿐만 아니라 엄마의 월경 때도 집안일을 도와드리고, 엄마를 편하게 해 드려야겠지?

STEP. 1 정리하기

월경에 대해서 이렇게 정리해 보자.
- 여성은 한 달에 한 번씩 월경이라는 걸 해.
- 월경하는 여성은 몸에 통증이 나타나고 마음도 지친단다.
- 하나님은 월경하는 여성을 특별히 보호하는 법을 주셨어.

STEP. 2 기억하기

1. 월경은 여성의 몸 중에서 _____ 에서 일어나는 일이야.
2. 월경하는 기간에 여성은 통증과 불편함을 겪기 때문에 _____ 해야 한다.
3. 하나님은 월경하는 여성에 대한 법을 주셔서 _____ 하셨다.

PRAY

하나님 아버지, 연약한 여성을 위한 말씀을 주셔서 감사합니다. 하나님께서 여성의 몸을 아름답게 만드시고, 아기를 만들 수 있는 몸을 허락해 주셨음을 알게 되었습니다. 한 달에 한 번씩 여성들이 힘들어할 때 잘 이해하고 배려하겠습니다. 하나님께서 여성을 위한 법까지 주실 정도로 아끼고 사랑하시니, 저희도 여성이 연약해질 때 잘 돕고 힘을 줄 수 있는 멋있는 남성들이 되게 해 주세요. 예수님의 이름으로 기도합니다. 아멘.

기억하기 정답: 자궁, 배려, 보호

3

올바른 관계를 맺는 방법 :

"어떻게 친해져야 돼요?"

사춘기 시절은 좋은 친구를 사귀는 게 정말 중요해.
인기 많은 친구가 부러웠던 적이 있니?
좋아하는 여자아이가 생겨서 친해지고 싶었던 적은?
사람들에게 올바른 방법으로 다가가는 방법을 배워두면
성인이 되어서도 바른 관계를 맺을 수 있어.

\# 친구
\# 고민
\# 대인 관계
\# 자아 존중감

좋아하는 마음을
표현해도 되나요?

학교나 학원에서 매일 마주치던 여자아이가 언제부턴가 계속 생각나고 그 아이를 볼 때마다 심장이 두근대고 설렌 적 있니?

이상하게 다른 애들은 안 보이고 꼭 그 여자아이만 보이거나, 우연히 옆에 앉게 되거나 같이 이야기라도 나누면 기분이 붕 뜨는 느낌이 들기도 해. 좋아하는 애가 생기면 어떻게 해야 할까?

이런 마음이 생기는 건 이상한 일이 아니라고 했어. 그렇다면 이런 좋아하는 마음을 어떻게 표현하면 좋을까? 이런 감정이 처음이다 보니 어떻게 해야 할지 모르는 경우가 많아. 그래서 좋아하는 여자아이를 괴롭히면서 표현하는 경우도 있고, 심지어 놀리거나 때리면서 표현하는 일도 있거든. 이렇게 부적절한 방법으로 표현하는 것은 상대에게 큰 상처를 줄 수도 있어. 만약에 표현하고 싶다면, 상대방에게 직접 글이나 말로 표현하는 것이 좋아. 그리고 친구를 통해서 말하기보다, 직접 표현할 때 서로 오해가 없단다.

좋아하는 마음뿐만 아니라, 마음에 있는 다른 감정 역시 엉뚱하게 표현하면 관계가 나빠지거나 싸움이 될 수 있어. 만약에 좋아하는 마음을 직접 표현하기 어렵다면, 상대방에 대한 칭찬이나 고마움을 표현해도 좋아. 이런 계기를 통해서 너의 생각과 감정을 표현하게 될 때 친구와 더 좋은 관계가 될 수 있단다.

경우에 합당한 말은
아로새긴 은쟁반에 금사과니라(잠 25:11).

하나님은 우리를 창조하시고 특별한 능력을 한 가지 주셨어. 바로 언어지. 덕분에 말과 글로 우리의 생각을 전하고 지식을 쌓을 수 있어. 하나님의 형상으로 지음을 받았다면 우리는 진실하게 말할 수 있어야 해.

우리가 느끼는 감정도 그래. 좋은 감정을 솔직하게 표현하면 좋아. 부모님께 감사한 마음이 들 때, 말과 글로 표현하면 무척 기뻐하시는 것처럼 말이야.

이성에 대해서도 마찬가지야. 좋은 감정을 적절하게 표현하는 것은 상대방을 기쁘게 해. 누구든 좋아하는 마음을 표현하는 건 좋은 일이야. 상대방도 인정받는 느낌을 받지.

꼭 이성 교제가 아니더라도, 상대방이 기분이 좋아지고 힘을 얻는 말을 해 줄 때 서로 도움이 될 수 있어. 사소한 일에도 고맙다고 표현한다거나, 친구가 지쳐 보이고 우울해 보일 때 '힘 내', '널 위해서 기도하고 있어'와 같은 표현은 좋은 표현이란다.

STEP. 1 정리하기

좋아하는 감정을 어떻게 표현해야 할지 궁금할 때 이렇게 정리해 보자.
- 좋아하는 감정을 괴롭힘이나 장난으로 표현하면 안 돼.
- 좋아하는 감정을 감사, 격려, 위로와 같은 좋은 말로 표현하자.
- 좋은 말은 상대방에게 힘을 줘.

STEP. 2 기억하기

1. 좋아하는 감정은 건강하게 _____ 하고 있다는 증거다.
2. 좋아하는 감정을 긍정적으로 _____ 하자.
3. 긍정적 _____ 은 감사, 위로, 격려, 기도 등이 있다.

PRAY

하나님 아버지, 육체와 마음이 성장할 수 있도록 인도해 주셔서 감사합니다. 육체가 자라는 것처럼 마음도 성장할 때 오는 많은 변화에 잘 적응할 수 있게 도와주시길 원합니다. 특별히 이성에 대한 좋은 감정을 나쁘게 표현하지 않고, 긍정적인 말과 언어로 표현할 수 있는 지혜를 주세요. 감사와 격려, 위로와 기도처럼 상대방에게 표현할 수 있는 용기도 주세요. 예수님의 이름으로 기도합니다. 아멘.

기억하기 정답: 성장, 표현, 표현

12

왜 상대방을 배려해야 하죠?

좋아하는 이성에게 표현하는 방법을 알았다면 다음으로 행동은 어떻게 해야 할까?

좋아하는 마음이 생길 때, 가장 먼저 필요한 부분은 매너를 지키는 일이야. 매너는 상대방을 존중하는 태도거든. 꼭 좋아하는 사람이 아니더라도, 이제 몸도 어른만큼 커가면서 반드시 준비해야 하는 태도가 바로 배려하는 말과 행동이란다.

여자 친구들에게 보일 수 있는 매너는 무엇이 있을까? 작은 도움을 받을 때도 항상 "고마워"라고 표현하는 것도 매너라고 할 수 있어. 혹시 실수할 때 "미안해"라는 말도 잊지 말자. 밥 먹을 때도 상대를 향해서 "맛있게 먹어"라고 인사하는 것도 좋아.

엘리베이터나 차를 탈 때는 여성이 먼저 탈 수 있도록 배려하는 것도 좋은 태도야. 그리고 사춘기 때는 남자가 여자보다 근력이나 골격이 훨씬 더 발달하거든. 아무래도 힘이 세니까 학교에서 힘을 쓸 일이 있을 때 나서서 도와주면 좋겠지? 사춘기 때 이런 매너를 갖추면 더욱 멋진 남자로 성장할 수 있단다.

> 아무 일에든지 다툼이나 허영으로 하지 말고
> 오직 겸손한 마음으로
> 각각 자기보다 남을 낫게 여기고(빌 2:3).

사춘기는 아이에서 어른으로 자라는 과정에 있는 시기지. 어른으로 가는 길목에서 준비해야 할 것이 좀 있단다. 누구나 어른이 되지만 멋신 어른이 되는 건 아니야.

어떤 남자가 과연 멋진 남자일까? 유행하는 옷을 입고, 잘 생기고, 키 크고, 최신 헤어를 하면 멋진 남자가 될까? 물론 이런 외모적인 것도 필요하지만, 더 중요한 것은 내면이란다. 아이 때는 "엄마" 하고 부르기만 하면 부모님이 와서 도와주고 나는 거의 받기만 했지만, 이제는 몸도 마음도 커가면서 다른 사람을 배려하고 존중하는 태도를 가져야 하게 된 거야.

이것은 사실 성경에서도 매우 중요하게 가르치는 경건이란다. 예수님도 우리를 위해서 목숨까지 내어 주시면서 우리를 구원해 주셨잖아. 하나님은 우리를 지금도 너무나 사랑하고 계셔. 우리가 이렇게 하나님께 사랑과 은혜를 많이 받았기 때문에, 우리도 사람들에게 사랑을 베풀고 살아야 하거든.

마찬가지로 아이 때 받은 사랑과 관심을 이제는 다른 사람을 먼저 배려하고 존중하는 것으로 표현해야 멋진 남자로 성장할 수 있단다. 먼저 집에서 연습하는 것도 좋아. 당장 오늘부터 엄마가 마트에 다녀 오시면 같이 짐을 옮겨 드려볼까?

STEP. 1 정리하기

왜 다른 사람을 배려해야 하는지 궁금하면 이렇게 정리해 보자.
- 멋진 남자로 준비되기 위해서 갖추어야 할 자세야.
- 배려는 상대방을 존중하는 마음에 대한 표현이야.
- 배려를 매너라고도 하지.

STEP. 2 기억하기

1. 사춘기에는 멋진 외모와 함께 멋진 _____ 도 가꾸자.
2. 다른 사람을 배려하는 것을 _____ 라고 한다.
3. 매너는 다른 사람을 _____ 하는 자세이다.

PRAY

하나님 아버지, 이제 아이의 시기를 벗어나서 어른으로 준비될 수 있게 도와주셔서 감사합니다. 멋진 남자로 성장할 때 외모도 멋있게 꾸미는 것처럼 내면도 아름답게 가꿀 수 있는 지혜를 허락해 주시기 원합니다. 특히 친구들에게 매너 있는 모습으로 존중을 배워갈 수 있도록 인도해 주세요. 예수님의 이름으로 기도합니다. 아멘.

기억하기 정답: 내면, 매너, 존중

13

어떻게 하면 친구들에게
인기가 있을까요?

　인기 있는 친구들을 보면 부러울 때가 있지? 아빠도 중학생 때는 인기 있는 아이들이 부러웠단다. 여학생들뿐만 아니라 같은 남학생들도 나를 따르면 좋겠다 싶었지. 친구들이 나를 별로 좋아하지 않거나, 내가 좋아하는 친구가 다른 친구를 더 좋아하면 서운하기도 했어.

　그런데 말이야, 다른 사람에게 인기가 있고 인정을 받기 전에 더 중요한 사실이 뭔지 아니? 내가 나를 존중하는 거야. 이건 사춘기뿐만 아니라, 평생 우리가 훈련해야 하는 부분이기도 해. 늘 우리는 다른 사람과 비교하면서 나의 장점보다 단점을 보기가 쉬워. 하지만 이 세상 어떤 아빠도 아들이 못났다고 보는 사람은 없거든. 오히려 늠름하고 자랑스러울 때가 많지.
　우리는 스스로 자신을 잘 보지 못할 때가 많아. 그건 어른이 된 아빠도 마찬가지야. 다른 사람들과 비교해서 내 장점보다 단점을 더 많이 볼 때도 있고, 사회적으로 얼마나 능력이 있느냐를 따지면서 열등감을 느낄 때도 있어.

하지만 이렇게 비교하기 시작하면 나 자신을 제대로 볼 수가 없단다. 내가 잘하는 점과 좋은 점을 스스로 찾고 스스로 존중할 때 안정된 마음을 가질 수 있어. 안정된 마음이 있을때, 다른 사람 역시 편하게 대할 수 있지. 비교하면서 스스로 못났다고 생각하면 늘 친구들 앞에서도 자신감이 없어. 그런데 평안한 마음을 가지고 제대로 자신을 볼 수 있는 건 우리가 하나님이 주신 능력들을 찾기 시작하고 감사할 때야.

> 내가 주께 감사하옴은 나를 지으심이 심히 기묘하심이라
> 주께서 하시는 일이 기이함을 내 영혼이 잘 아나이다
>
> (시 139:14).

하나님은 우리를 너무나 멋지게 만드셨어. 시편의 저자는 하나님이 우리를 멋있게 지으셔서 너무나 놀랍다고 고백해. 그런데, 우리는 거울을 보면서 마음에 안 들 때도 있잖아? 아빠도 얼굴이 너무 호빵처럼 넓어 보일 때가 있거든. 그런데 멋이라는 건 다른 사람이 평가해서 얻어지는 것이 아니라, 스스로 자신을 보며 찾아내는 것이야. 그리고 그것을 주신 하나님께 감사할 때 진정으로 멋진 사람이 되는 거란다.

스스로 멋있고 좋은 사람이라고 생각하는 건 자만이 아니라, 하나님께서 나를 보시며 하신 말씀을 믿는 거야. 하나님은 나를 멋지다고 하시는데, 나는 스스로 못생겼다고 하는 건 바르지 못한 신앙의 태도겠지? 이제부터 하나님께서 주신 나의 장점과 멋을 찾아보자. 그리고, 나에게 이런 장점을 주신 하나님께 감사해 보자. 그러면 훨씬 더 아름다운 내면의 자신감을 가질 수 있어. 진짜 멋진 남자는 자신감이 있는 남자거든. 나를 먼저 존중할 때 다른 사람도 존중할 수 있어.

STEP. 1 정리하기

다른 사람에게 어떻게 하면 인기가 있을까 고민될 때 이렇게 정리해 보자.
- 다른 사람과 비교하면서 나의 모습을 보지 말자.
- 나만의 장점을 찾아보자.
- 하나님은 나를 보시면서 놀라운 정도로 좋아하셔.

STEP. 2 기억하기

1. 다른 사람과 _____ 하면 나의 장점을 찾을 수 없다.
2. 나만의 장점을 찾고 인정하는 것은 하나님의 _____ 를 인정하는 것이다.
3. 나의 장점을 찾고 하나님께 _____ 하자.

PRAY

하나님 아버지, 나를 멋지게 만들어 주셔서 감사드립니다. 내가 거울을 보면서 마음에 안 드는 부분이 있더라도, 스스로 자책하지 않게 도와주세요. 단점보다 더 많은 장점을 찾는 능력과 지혜를 허락해 주세요. 이제 나만의 장점을 찾아서 하나님께 감사할 때 더욱 멋진 사람이 될 줄로 믿습니다. 나를 먼저 존중할 때 다른 사람도 존중하게 될 줄로 믿습니다. 예수님의 이름으로 기도합니다. 아멘.

기억하기 정답: 비교, 창조, 감사

14

남자와 여자의 사랑은
서로에게 어떤 도움을 주나요?

어른이 될 준비를 할 때 가장 중요한 정서적 변화는 아마도 '사랑'이겠지. 이성에 대한 호기심이나 사랑이라는 감정을 잘 정리해 두면 앞으로 건강하게 이성과 교제하고 더 나아가서 결혼을 하는 데도 무척 도움이 된단다. 왜 이성과의 사랑이 필요할까?

우선, 사랑이 뭘까? 사랑의 종류에 여러 가지가 있다는 거 아니? 그리스어는 사랑을 세 가지 단어, 아가페, 필레오, 에로스라고 표현해. 아가페는 헌신적인 사랑을 말하지. 부모가 자식을 위해서 희생하는 사랑이야. 필레오는 친구 간의 우정 같은 사랑이고, 에로스는 동물의 짝짓기와 같은 육체적인 사랑을 말해. 이것들은 우리가 살면서 모두 경험하게 되는 사랑이야.

그런데 이런 사랑에서 가장 고귀한 사랑은 아가페 사랑이라고 할 수 있어. 아가페 사랑은 아낌없이 모두 주는 사랑이야. 부모가 자식을 사랑하는 사랑인데, 얼마나 많이 베풀어 주는지 몰라.

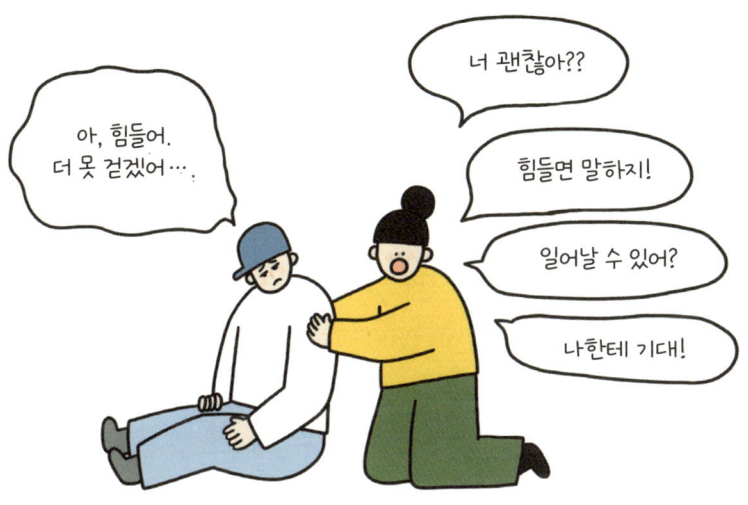

　아플 때 돌봐 주고, 먹여 주고, 입혀 주고, 아끼고, 이뻐해 주는 사랑이지. 물론 자녀가 예쁘고 사랑스러워서 헌신하고 희생하는 사랑이야. 사람은 이렇게 아낌 없는 사랑을 많이 받을수록 마음이 건강해져.

　그래서 남자와 여자의 사랑 역시 아가페의 사랑으로 발전할 때 서로 큰 성장이 있고, 행복한 관계가 될 수 있어. 아가페 사랑을 위해서는 우리의 내면을 성숙하게 가꿀 필요가 있단다. 배려하고, 존중하고, 참을 수 있는 능력이 생길 때 아가페 사랑을 할 수 있게 되니까 말이야. 앞으로 성숙한 사랑을 위해서 우리의 신앙과 인격을 준비해야 하겠지?

> 사람이 친구를 위하여 자기 목숨을 버리면
> 이에서 더 큰 사랑이 없나니 (요 15:13).

성경은 사랑에 관한 놀라운 이야기를 담고 있어. 진짜 아가페의 사랑을 보여주고 있거든. 하나님은 우리를 살리기 위해서 가장 사랑하는 독자, 예수 그리스도를 십자가에 내어 주셨어. 우리가 받을 죽음의 형벌을 하나님의 아들에게 대신 맡기신 거야. 누가 이렇게 자신의 하나뿐인 아들을 희생시키면서까지 우리를 사랑할 수 있을까?

성경에서 말하는 사랑의 끝은 다른 사람을 위해서 목숨까지도 줄 수 있는 경지의 사랑이야. 성경은 우리에게 남자와 여자로서 사랑할 때, 자신의 몸처럼 상대를 사랑하라고 말씀하고 있지. 하나님은 여자를 만드실 때, 아담의 갈비뼈로 만들었다고 하셨어. 그 말은 두 사람이 한 몸이라는 뜻이야. 남자와 여자의 사랑은 서로 즐기기 위한 사랑보다 더 큰 사랑으로 발전할 때, 건강한 사랑이 될 수 있어. 서로 돌보고 헌신할 때 얼마나 행복하고, 얼마나 큰 위로와 힘이 될까!

이런 사랑을 하려면 예수님의 십자가 죽음을 깊이 묵상하고 감사해야 해. 그리고 하나님의 사랑을 항상 마음에 새기고 찬양할 때 우리도 이런 사랑을 따라 할 수 있어. 나중에 사랑하는 사람이 생기면 이렇게 하나님 안에서 성숙한 사랑을 주고 받자.

STEP. 1 정리하기

남자와 여자의 사랑이 어떤 도움을 주는지 궁금할 때 이렇게 정리해 보자.
- 서로 하나님 안에서 참된 행복을 누릴 수 있게 도와줘.
- 서로 인격적인 성장을 이룰 수 있게 도와줘.
- 우리가 하나님께 받은 사랑이 얼마나 큰지 생각할 수 있게 해.

STEP. 2 기억하기

1. 남자와 여성의 아가페 사랑은 서로 _____ 할 수 있게 도와준다.
2. 아가페 사랑은 하나님께서 먼저 우리에게 _____ 주셨다.
3. 성숙한 사랑은 하나님의 _____ 을 깊이 알면 시작할 수 있다.

PRAY

하나님 아버지, 우리를 사랑해 주셔서 감사드립니다. 우리를 위해서 독생자 아들 예수 그리스도를 이 땅에 보내 주시고, 저를 위해서 십자가에 못 박히는 형벌을 대신 받게 해 주신 은혜를 찬양합니다. 우리가 하나님의 아가페 사랑을 배우기를 원합니다. 받기만 하는 사랑이 아니라, 베풀고 나누는 사랑을 할 수 있게 도와주세요. 성숙한 사랑을 배울 수 있도록 지금부터 하나님을 알아갈 수 있는 지혜도 허락해 주세요. 예수님의 이름으로 기도합니다. 아멘.

기억하기 정답: 성숙, 보여, 사랑

15

어떻게 하면 말을 잘할 수 있을까요?

사춘기에는 진실하고 좋은 친구를 만드는 것도 정말 중요해. 친구들 중에 재미있게 말하는 친구들이 있지? 유머 있게 말하면 이성 친구들도 좋아하고 인기가 많아서 부러울 거야. 어떻게 하면 나도 말을 잘할 수 있을까?

그런데 친구들 사이에서 말을 잘하는 것보다 더 중요한 것이 있어. 바로 잘 들어 주는 거야. 웃기고 재미있게 말하면 인기를 끌 수도 있지만 진실한 대화를 하기에는 부족할 수 있거든. 정말 가까이하고 싶은 친구는 상대를 믿어 주고 고민을 들어 주고 공감해 주는 친구 아닐까?

말을 잘하는 건 사실 타고난 재능이나 성격 때문인 경우가 많지만 잘 들어 주는 건 누구나 할 수 있는 쉬운 일이야. 하지만 잘 들어 주는 작은 노력으로도 상대에게 굉장한 도움을 줄 수 있단다. 이제 너도 고민이 생기기 시작하고 친한 친구에게만 말하고 싶은 비밀이 생길 거야. 그때 상대에게 먼저 들어줄 수 있는 자세를 갖춘다면, 말을 잘하는 것보다 훨씬 더 다른 친구들에게 큰 신뢰를 얻을 수 있어.

그럼 다른 사람의 말을 잘 들어 주려면 어떻게 해야 할까? 잘 들어 주는 건 특별한 기술이 필요하지 않아. 상황에 맞게 재치 있는 말을 할 필요도 없어. 그저 친구를 바로 보면서, 진심이 담긴 표정으로 끝까지 이야기를 경청하는 거야.

한 가지 더, 아빠가 추천하는 방법은 친구가 말을 할 때마다, "음…", "그랬구나", "그래?"라고 잘 듣고 있다는 반응을 보여주는 거야. 내 이야기를 진지하게 듣고 있다는 인상을 받으면 고민을 털어놓은 친구는 굉장히 고마워할 거야.

하나님이 실로 들으셨음이여
내 기도 소리에 귀를 기울이셨도다(시 66:19).

하나님은 우리의 모든 간구를 들어 주시는 분이셔. 우리가 고민이 있어서 기도할 때뿐만 아니라, 감사한 일이 있어서 고백할 때도 모두 듣고 계시지. 하나님은 우리의 아버지로서 우리를 사랑하시기 때문에 우리의 이야기 듣기를 기뻐하신단다. 우리가 이렇게 하나님의 사랑과 은혜를 받고 있다면 우리도 다른 사람들에게 하나님의 사랑을 표현할 수 있어야겠지?

그 표현 중의 한 가지가 바로 힘들고 어려운 일을 만난 친구에게 기꺼이 시간과 관심을 쏟아 주는 거야. 만약 친구가 나에게 이야기를 털어놓고 마음이 조금 편해졌다면, 나는 친구의 마음의 짐을 덜어 준 선행을 한 거야. 대신 친구의 고민을 알게 됐을 땐 꼭 비밀을 유지해서 친구도 배려하고 나의 신뢰도 쌓아가는 기회로 만들자. 더 나아가서, 다른 친구들에게 그리스도인으로서 선한 영향력을 미칠 수 있을 거야.

STEP. 1 정리하기

어떻게 하면 말을 잘할 수 있을까 고민될 때 이렇게 정리해 보자.
- 말을 잘하기보다는 잘 들어 주는 친구가 신뢰를 얻어.
- 하나님은 우리의 모든 간구를 들어 주셔.
- 친구들의 고민을 듣는 것은 하나님의 사랑을 표현하는 방법 중 하나야.

STEP. 2 기억하기

1. 말을 잘하기보다 잘 _____ 친구가 신뢰를 얻는다.
2. 하나님은 우리의 아버지로서 모든 _____ 를 들어 주신다.
3. 하나님께 받은 사랑을 친구들의 이야기를 _____ 것으로 표현할 수 있다.

PRAY

하나님 아버지, 우리의 모든 간구를 들어 주셔서 감사드립니다. 힘들고 어려운 일이 있을 때에도 우리의 모든 소리를 들어 주셔서 감사합니다. 우리가 하나님께 받은 은혜와 사랑을 다른 친구들에게도 실천하기 원합니다. 특히 어렵고 고민이 있는 친구들의 이야기를 잘 들어줄 수 있는 지혜를 허락해 주시기 원합니다. 친구들의 이야기를 경청하면서 하나님의 사랑을 실천할 수 있게 도와주시옵소서. 예수님의 이름으로 기도합니다. 아멘.

기억하기 정답: 들어 주는, 간구, 들어 주는

16

어떻게 친구에게
다가가야 하나요?

가끔 사교성이 좋은 친구가 부러울 때가 있지 않니? 함께 껴서 놀고 싶은데 쉽게 어울리기 힘들 땐, 나만 혼자인 것 같아 속상하기도 하지. 어떻게 하면 나도 좋은 친구를 만들 수 있을까?

과도한 칭찬은 부작용을 가져옵니다.

사춘기에 좋은 친구를 사귀는 건 참 중요한 일이야. 좋은 친구는 내 고민을 나눌 수 있을 뿐만 아니라, 서로 의지가 되고 힘이 되기도 하거든. 그럼 어떻게 하면 좋은 친구를 잘 사귈 수 있을까? 저 친구랑은 꼭 이야기하고 싶고 같이 어울리고 싶을 때 어떻게 다가가야 할까? 내성적이라면 쉬운 일은 아닐 거야. 그럴 때 도움이 되는 방법이 있어. 바로 인사, 칭찬, 감사하기야.

 인사는 등교하자마자 보이는 친구들에게 안녕이라고 먼저 활기차게 인사해 주는 거야. 친한 사이가 아니더라도 누가 나에게 먼저 인사를 해 주면 기분이 좋잖아? 인사는 모든 관계의 기본이자 중요한 예의라고 할 수 있거든.
 다음은 칭찬이야. 칭찬은 아주 작고 사소한 것에서 시작하면 좋아. 눈에 띄는 것에서 시작하는 거지. 예를 들면, 오늘 입은 옷이 멋있다던지, 글씨를 잘 쓴다던지, 말을 잘한다던지 이런 눈에 보이는 칭찬이야. 사소한 것이라도 칭찬을 하면, 인정받는 기분이 들거든. 너도 친구나 엄마 아빠에게 인정받고 칭찬받으면 기분이 좋지? 친구들도 마찬가지야. 칭찬을 잘하는 친구를 좋아하게 되어 있단다.
 세 번째로 감사야. 이건 어른이 되어서도 꼭 필요해. 사소한 도움에 대해서도 반드시 고맙다는 표현을 꼭 해 보자. 당연한 말이긴 하지만, 사실 우리가 일상에서 고맙다는 말을 놓칠 때가 종종 있거든. 사람의 마음은 작고 사소한 것에서 열리기 시작해.

친구의 마음을 열고 다가가길 원할 때, 먼저 내가 고마움을 표현하면서 다가가면 그 친구도 나를 좋게 생각하고 받아 줄 거야.

서로 돌아보아
사랑과 선행을 격려하며(히 10:24).

하나님은 우리에게 서로 사랑과 선행을 격려하라고 말씀하고 있어. 격려는 서로 칭찬하고 인정해 주는 걸 말해. 친구와 잘 사귀는 방법으로 설명하긴 했지만, 이건 우리 삶의 태도로 몸에 익으면 더 좋아. 성경은 우리에게 항상 이런 태도로 표현하라고 말씀하고 있거든. 친구뿐만 아니라, 가장 가까운 가족에게도 할 수 있어야 해.

서로 잘한 점에 대해서 인정하면, 결국에는 사람들이 나를 좋아하게 돼 있어. 이건 너무나 자연스러운 현상이야. 그리고 가는 곳마다 먼저 칭찬하고 인정하기 시작할 때 서로 힘이 나고 기분도 좋아지지. 그럼, 어떤 일을 하든지 모두 내 편이 돼 줄 수 있어. 성경은 칭찬받기를 기다리기보다 먼저 칭찬하고 인정해 주라고 말씀하고 있어. 먼저 다가갈 때 하나님께서 기뻐하는 그리스도인의 모습으로 성장해 가고, 내가 가는 곳마다 그리스도의 향기를 전할 수 있단다.

STEP. 1 정리하기

어떻게 하면 좋은 친구를 만들 수 있을까 고민될 때 이렇게 정리해 보자.
- 작고 사소한 일에 먼저 인사, 칭찬, 감사를 해 보자.
- 인사, 칭찬, 감사는 친구의 마음을 열어줘.
- 다른 사람을 향한 긍정적인 표현은 하나님께서 기뻐하시는 일이야.

STEP. 2 기억하기

1. 아름다운 말로 _____, _____, _____ 할 때 친구의 마음이 열린다.
2. 인사, 칭찬, 감사는 작고 _____ 것에서 시작한다.
3. 하나님은 서로를 향한 아름다운 말을 _____ 하신다.

PRAY

하나님 아버지, 우리를 하나님의 형상으로 아름답게 지어 주셔서 감사합니다. 우리의 어떤 형편과 모습이라도 우리를 하나님의 사랑하는 자녀로 인정해 주셔서 감사합니다. 하나님께서 우리를 인정해 주셨듯이 우리도 다른 사람들을 인정하고 칭찬할 수 있는 사람이 될 수 있게 도와주세요. 먼저 다가가서 인사와 감사와 칭찬을 할 수 있는 용기도 주시기 원합니다. 예수님의 이름으로 기도합니다. 아멘.

기억하기 정답: 인사, 칭찬, 감사, 기뻐

17

친구 사이에 고민이 있을 때는
어떻게 해야 할까요?

가끔 학교에서 혼자 다니는 친구들을 보지 않니? 등교할 때도 혼자 오고, 밥도 혼자 먹고… 혹시 이렇게 소외되는 일이 나와 주변 친구에게 생길 때는 어떻게 해야 할까?

친구들과 어울리지 못하는 이유는 다양해. 그런데 성격이 원래 내성적이라서 그런 경우도 있지만, 많은 경우는 친구들 사이의 갈등과 오해 때문이야. 오해가 생겨서 서로 외면하거나 심한 경우에 혼자 지내야 하는 일이 당연히 생길 수 있어.

그때 가장 중요한 건 일단 혼자 고민하지 않는 거야. 다른 문제도 마찬가지이지만, 아무리 끙끙 앓고 머리를 싸매도 혼자서 문제를 해결하기란 매우 어려워. 고민은 혼자 짊어질 때는 무겁지만, 함께 나눌 때는 가벼워지는 법이니 마음속의 고민을 다른 사람에게 털어놔 봐. 내가 그 문제를 다시 설명하면서 객관적으로 문제를 볼 수 있을 뿐만 아니라, 마음도 조금 가벼워지니까 말이야. 그래서 혹시 친구 관계에서 오는 갈등이 있다면 이 문제를 친한 친구나, 학교 상담실에 꼭 이야기하는 게 중요해. 부모님과 소통이 원활하다면 부모님과 상담하는 것이 제일 좋겠지.

마음속에 있는 어려운 문제를 혼자 고민하고 혼자 안고 있다가 결국 나쁜 결론에 이를 때가 종종 있어. 친구에게 복수를 하거나, 자신을 학대하는 경우 등이지. 그러니, 앞으로 친구들 문제뿐만 아니라 다른 문제들도 혼자서 고민하지 않기로 하자. 아빠도 네가 아빠에게 고민을 이야기를 할 때는 꼭 마음을 열고 경청하도록 할게.

> 여호와여 내 혀의 말을 알지 못하시는 것이
> 하나도 없으시니이다(시 139:4).

누구나 살다 보면 말하기 힘든 고민거리가 생기지만, 비밀을 아무에게도 털어놓을 수 없다면 어떻게 해야 할까? 걱정할 것 없어. 우리에게는 내 문제를 다 보여드릴 수 있는 너무나 좋은 분이 있잖아?

하나님은 우리의 아버지 되시기 때문에 우리의 어떤 고민과 걱정도 모두 들어 주셔. 우리가 어떤 고통스러운 일을 당하더라도 하나님은 모두 알고 계시지. 하지만 하나님은 그때마다 우리가 직접 기도의 자리로 나오길 원하셔. 나의 고민을 하나님께 말할 때 하나님은 기뻐 받아 주시거든.

우리가 바르고 착하게 살고 난 이후에 하나님께 나가는 게 아니야. 비록 죄가 있고 다른 사람에게 떳떳하지 못한 문제를 안고 있더라도, 하나님은 모두 나와 내어놓기를 바라셔. 하나님은 항상 우리를 기다리고 계시거든. 그러니까 깊은 고민이 있을 때는 꼭 하나님을 찾고 하나님께 우리의 마음속 모든 감정과 고통까지 다 아뢰도록 하자. 그러면 하나님께서 들으시고 우리의 모든 고민을 해결해 주시기 위해 우리의 인생을 간섭하고 인도해 가실 거야.

STEP. 1 정리하기

고민스러운 문제가 있을 때 이렇게 정리해 보자.
- 혼자 고민하는 것은 좋지 않아.
- 친구나 부모님, 선생님에게 이야기하자.
- 하나님께 기도로 고민을 이야기하면 하나님이 들어 주셔.

STEP. 2 기억하기

1. 고민이 되는 문제가 있을 때 _____ 속으로만 생각하지 않는다.
2. 고민이 있을 때 친한 친구나 부모님이나 선생님에게 _____.
3. 하나님은 우리의 고민을 _____ 하시고 해결해 주시기 원하신다.

PRAY

하나님 아버지, 우리의 모든 생각을 알아주셔서 감사합니다. 때로는 친구들 문제나 학업 문제로 고민될 때가 있습니다. 이럴 때 나의 고민을 함께할 믿음의 사람들을 허락해 주시기 원합니다. 사람들에게 말하기 힘들 때 하나님께 나의 마음을 모두 내어놓을 수 있는 믿음도 허락해 주시기 원합니다. 하나님은 나의 아버지이심을 믿습니다. 아버지께서 나의 모든 고민을 잘 들어 주시고 나의 문제를 간섭하셔서 선한 길로 인도해 주시기 원합니다. 예수님의 이름으로 기도합니다. 아멘.

기억하기 정답: 혼자, 말하자, 경청

4

성숙을 위한 이성 교제 :

"좋아하는 여자아이가 있어요."

주변에 이성교제를 하는 친구들이 있을 거야.
학생 시절 이성교제를 해도 되는지 궁금하지 않니?
그러려면 일단 남녀의 사랑이 어떤 의미인지를 알아야 해.
하나님 안에서 건강하고 안전한 이성교제를 하는 방법을 알아볼까?"

\# **이성교제**
\# **고백**
\# **데이트**
\# **이별하는 방법**
\# **스킨십**

18

좋아하는 이성 친구가 있는데
사겨도 되나요?

　종종 학교에서 서로 연애하는 친구들을 볼 수 있지? 요즘은 초등학교 고학년이나 중학생들도 이성 교제를 많이 하는 것 같아. 이런 모습을 보면 어떤 생각이 드니? 혹시 부럽다는 생각이 드니? 아니면 아직 이성 교제를 하면 안 된다고 생각하니?

　이성 교제는 남자와 여자가 서로 좋아하는 마음으로 만나는 거잖아. 그런데 교제하는 데에는 좋은 점이 있고 나쁜 점이 있어. 연애하는 친구들을 대상으로 설문조사를 했더니 이런 대답이 나왔대. 연애를 해서 좋은 점은, '내 편이 생긴다', '서로 걱정해 준다', '고민을 나눌 수 있다', '설렌다', '자랑거리가 된다'. 반대로 나쁜 점은, '공부할 때 집중하기 힘들다', '부모님의 반대로 갈등이 생긴다', '같은 남자 친구들과 사이가 멀어진다', '헤어졌을 때 힘들다', '싸우면 하루 종일 기분이 나쁘다' 등이 있었대.

　그리고 얼마나 오래 사귀는지 살펴보니까, 학생들의 연애는 어른들처럼 오래 사귀지 못하고 1년 안에 거의 대부분 헤어진대. 헤어지고 나면 무척 힘들어하고 말이야. 학생 시절의 연애가 오래 가지 못하고 쉽게 깨지는 이유는 뭘까? 앞서 말했지만 아직 감정이나 태도가 성숙하지 못했기 때문이야. 아무래도 사춘기는 공부하는 시기이고 아직 성장하는 중이기 때문에 서로 사귀는 것에는 신중해야 할 것 같아. 가능하면 고등학교까지 졸업하고 사귀면 더 좋아. 성장하고 나서 사귀면 조금 더 성숙하게 사랑할 수 있거든.

범사에 기한이 있고
천하 만사가 다 때가 있나니(전 3:1).

성경에는 모든 것에 "때"가 있다고 말씀하고 있어. 태어나는 때가 있으면 죽는 때가 있지. 엄마 품에서만 지내야 하는 때가 있는가 하면, 성인이 되어 부모를 떠나야 하는 때가 있어. 열심히 공부를 해야 할 때가 있는가 하면, 결혼을 위해서 누군가를 열심히 사랑하고 배우자를 찾아야 하는 때도 있어. 인생이라는 긴 시간표를 볼 때, 시간표에 맞는 시기와 때라는 것이 있지. 사춘기는 어떤 때에 속할까? 사춘기는 성인으로 완성되기 위해서 몸과 마음이 준비되어야 하는 때라고 할 수 있어. 성인은 사회에서 자신의 직업으로 보람과 의미를 찾으면서 가정을 만드는 시기인데, 사춘기는 거기까지 성장하는 과정으로서, 실력과 체력을 준비하는 시기라고 할 수 있는 거야.

지금 우리나라 상황에서 중고등학교 때 가장 중요한 일은 아무래도 미래를 위해서 자신의 관심 분야를 찾고, 필요한 공부와 준비를 하고, 건강하게 몸과 마음이 신앙 안에서 성장하는 거야. 그래서 이성 교제처럼 중요한 문제는 가능하면 조금 더 준비됐을 때 시작하는 걸 추천해. 혹시 이성을 만나서 교제하게 되는 일이 생기더라도, 고민을 나누고 함께 기도할 수 있는 관계 정도로만 생각하면 좋을 것 같아. 그것이 성경에서 말하는 청소년 시기의 "때"를 잘 보내는 지혜란다.

STEP. 1 정리하기

좋아하는 이성 친구가 생길 때 어떻게 해야 할지 이렇게 정리해 보자.

- 사춘기 때 이성 교제는 장점보다 단점이 많아.
- 사춘기에는 이성 교제보다 학업과, 몸과 마음의 성장이 더 중요해.
- 인생의 시간표에서 지금은 이성 교제를 할 만큼 성장한 시기는 아니야.

STEP. 2 기억하기

1. 이성 교제는 가능한 _____ 이 된 이후에 할 수 있도록 준비한다.
2. 지금은 이성 교제보다 더 중요한 _____ , _____ , _____ 에 집중해야 한다.
3. 하나님께서 허락하신 시간에서 사춘기는 _____ , _____ 에 집중할 때다.

PRAY

하나님 아버지, 우리에게 성인으로 성장할 수 있는 사춘기의 때를 허락해 주셔서 감사합니다. 성장하는 가운데 이성에 대한 관심과 호기심으로 교제를 할 수도 있으나, 우리에게 주신 시간에서 더욱 중요하게 집중해야 할 부분이 무엇인지 깨닫는 지혜를 주시기 원합니다. 이성 교제보다 학업과 건강, 신앙에 더욱 집중할 수 있게 도와주셔서, 사춘기의 때에 해야 할 일에 최선을 다할 수 있게 인도해 주세요. 예수님의 이름으로 기도합니다. 아멘.

기억하기 정답: 성인, 학업, 건강, 신앙, 학업과 진로, 성장

19

이성 교제를 한다면 어떻게 해야 하나요?

교제는 좀 더 성숙한 뒤에 하면 좋겠다고 했지만, 만약 꼭 친구가 아니라 이성으로 만나보고 싶다면 어떻게 해야 할까? 예수님을 믿는 우리는 어떻게 교제하는 것이 좋은 모습일까?

일단 이성 교제를 시작할 때 부모님께 먼저 알려야 해. 왜냐면 너희는 아직 법적으로는 미성년자이기 때문이야. 사춘기 시절의 연애는 정신적, 사회적으로는 완성되지 않았지만 몸은 성인과 같아서 성인이 할 수 있는 교제를 시작한다는 뜻이거든. 교제하다가 혹시라도 어떤 문제가 발생하면 그 법적인 책임은 부모님이 지게 돼 있어. 그래서 아직은 부모님의 보호 아래 있는만큼 부모님의 동의가 필요한 거야.

부모님께 알려야 하는 또 다른 이유는 절제의 문제 때문이야. 사랑이라는 감정은 매우 강력한 힘을 가지고 있어. 사춘기는 정서적으로 불안정한 시기여서 기쁨, 슬픔, 분노와 같은 감정이 걷잡을 수 없이 폭발하는데, 사랑에 있어서도 마찬가지야. 이성을 좋아하는 감정은 절제하기가 더 힘들거든. 그래서 집에 들어가는 시간을 지키지 못한다던가, 스킨쉽의 유혹도 있어. 이런 절제를 어른이 도와줘야 하거든.

예를 들어서, 이성 친구와 만나고 밤 10시까지 집에 들어오기로 약속했다면, 반드시 지켜야 하는데 잘 안될 때가 많아. 그래서 부모님이 체크해 주고 시간을 확인해 주면, 좀 더 안전하게 교제를 할 수 있는 거지.

그리고 처음에는 불편하게 느껴지겠지만, 한 번씩 부모님과 함께 만나는 것도 좋아. 우리는 '건전하게 잘 절제하면서 만나고 있습니다' 하는 것을 보여 준다면, 부모님도 안심하시고, 너희는 부모님의 지지를 받으면서 교제할 수 있겠지? 그리고 그날은 너희가 데이트 비용을 쓰지 않아도 되잖아? 그래서 아빠는 부모님의 보호 아래 건전하고 안전하게 만나는 걸 추천해.

> 너희는 믿지 않는 자와 멍에를 함께 메지 말라
> 의와 불법이 어찌 함께하며
> 빛과 어둠이 어찌 사귀며(고후 6:14).

성경은 이성 교제를 할 때 누구를 만나야 하는지에 대해 가르쳐 주고 있어. 바로 신앙을 가진 사람들끼리 교제하라는 거야. 하나님께서 우리를 지으셨고 우리는 구원받은 하나님의 백성이잖아. 그런데, 불신자와 교제하다 보면 신앙에 많은 위기를 겪게 돼. 나는 일요일에 예배하러 가고, 밥 먹기 전에 기도하는데, 이성 친구가 이상한 눈으로 쳐다보기 시작하면 내 신앙생활이 흔들릴 수 있어. 잘못하면 교제하다가 신앙을 잃어버리는 일도 생긴단다. 물론, 내가 전도하면 된다고 하지만 믿음은 내가 노력해서 되는 게 아냐. 하나님께서 선물로 주시는 것이지. 그래서 일단 가장 좋은 대상은 신앙생활하는 이성이야.

그럼 이번엔 대상을 어떻게 만나야 할까? 믿는 사람끼리는 반드시 서로 기도하면서 만나야 해. 그럼 더 안전하고 서로에게 위로와 힘이 될 수 있어. 믿음을 가진 이성과 만나서 서로 기도 제목을 나누고, 서로 말씀 묵상한 내용을 나눈다면 얼마나 좋을까? 이성을 만나더라도 믿음 안에서 만나길 함께 기도하자.

STEP.1 정리하기

교제를 한다면 어떻게 해야 할지 이렇게 정리해 보자.
- 아직 법적으로 미성년자이기 때문에 부모님께 알려야 해.
- 이성 교제는 절제하기 힘든 순간이 많기 때문에 부모님의 관리가 필요하단다.
- 믿음을 가진 이성과 만나되, 기도와 말씀 가운데서 만나야 해.

STEP.2 기억하기

1. 이성 교제는 _____ 의 관리 아래서 만나야 한다.
2. 부모님의 관리 아래서 만나면 _____ 해야 하는 일에 도움을 받는다.
3. 이성 교제의 대상은 _____ 을 하는 사람이어야 한다.

PRAY

하나님 아버지, 우리에게 이성에 대한 감정이 발달할 수 있게 창조해 주셔서 감사합니다. 우리가 이성에 대해서 교제할 순간이 온다면, 기도와 말씀 가운데 만날 수 있게 도와주시기 원합니다. 아직 절제하기 힘든 나이이기 때문에 부모님의 관리 아래서 교제할 수 있도록 인도해 주시기 원합니다. 특별히 믿음을 가진 이성과 교제를 하면서 하나님에 대한 지식이 더욱 쌓여갈 수 있게 도와주세요. 예수님의 이름으로 기도합니다. 아멘.

기억하기 정답: 부모님, 절제, 신앙생활

20

성관계는
언제 할 수 있나요?

　성관계라는 말은 쑥스러운 단어지? 그런데 친구들끼리 종종 이런 이야기를 하게 될 거야. 이제 사춘기가 지나면서 몸은 완전히 남성의 몸을 갖추고, 이성과 연애하는 것에 대해서 관심이 많이 생겨. 그렇다면 여자친구와 스킨십은 어디까지 괜찮을까?

　서로 좋아하는 사람끼리 만지는 상상을 한 적이 있니? 실제로 연애하는 친구들은 스킨십을 어느 정도 경험할 거야. 교제하면 손을 잡거나 껴안거나 뽀뽀하는 일이 생길 수 있어. 그런데 이런 신체 접촉은 자꾸 더 강한 자극을 원해서 결국 성관계까지 이어질 수 있거든. 하지만 알다시피 성관계는 결혼을 해야 할 수 있는 거야.

　성관계는 한 몸이 되는 행위이기 때문에, 서로에 대해서 의지하는 마음이 자연스럽게 생기게 돼. 그래서 쾌락을 위해서 성관계를 했다고 하더라도, 나중에는 서로 허무하고 허탈한 마음이

들 수밖에 없어. 항상 내 옆에서 서로 사랑하고 지켜주는 관계 안에서의 성관계는 계속된 즐거움을 줄 수 있지만, 미성숙하고 불안한 관계에서의 성관계는 오히려 자책과 두려움이라는 결과를 가져온단다.

> 나의 사랑 너는 어여쁘고
> 아무 흠이 없구나(아 4:7).

아가서를 보면 멋진 남자가 자신이 사랑하는 아름다운 여성에 관해 노래해. 사랑은 서로를 위해서 모든 것을 헌신할 정도의 강

력한 힘을 가지고 있지. 사랑하는 사람들을 보면 먼 거리를 달려가기도 하고 평생을 이 사람과 함께 살겠다고 다짐하고 결혼까지 하게 되잖아? 이런 사랑으로 가정을 이루고 생명도 잉태하고 어렵고 힘든 일도 인내하고 견딜 수 있는 거야. 남자와 여성의 사랑은 강한 유대감을 가지게 만들고 서로 책임을 지게 만들어.

그런데 이런 사랑은 마음에서 시작되지만 육체적인 연합으로 표현이 돼. 즉 성관계라고 하는 것은 서로 하나가 되는 사랑의 표현이면서, 서로에 대해서 강한 책임감과 유대감을 갖게 하는 행위라고 할 수 있어. 성관계로 서로에 대한 사랑을 다시 확인하고 사랑에 대한 약속을 깨닫게 만들지. 그래서 성관계는 사랑의 언약에 대해서 다시 서로 확인하는 과정이기도 해.

다시 말하면 성관계는 결혼 언약을 다시 갱신하는 과정이라는 거야. 사랑이 식더라도 다시 사랑할 수 있게 만들어 주는 행동이라고 할 수 있지. 그래서 결혼 전의 성관계는 동물적인 행위에 불과해. 쾌락만을 위한 성관계이기 때문인데 그건 너무나 무책임한 일이야. 하나님은 서로 평생 책임질 수 있는 결혼의 관계 안에서 성관계를 허락하신 거란다. 그래서, 결혼 전의 성관계를 피해야 하고, 결혼 후의 성관계는 서로 사랑을 완성하게 해 주고, 사랑의 결실로 새 생명을 잉태하게 만드는 것이란다.

STEP. 1 정리하기

혼전 순결에 대해서 궁금하면 이렇게 정리해 보자.
- 혼전 순결은 결혼하기 전까지 성관계를 하지 않겠다는 약속이야.
- 성관계는 오직 결혼 안에서만 허락된 하나님의 뜻이야.
- 혼전 순결은 하나님의 창조 목적, 가정의 건강, 나의 건강을 위해 필요해.

STEP. 2 기억하기

1. 결혼 전까지 성관계를 하지 않겠다는 것을 _____ 이라고 한다.
2. 성관계는 오직 _____ 의 관계 안에서만 허락된다.
3. 결혼 전까지 성적인 순결을 지키기로 _____ 해야 한다.

PRAY

하나님 아버지, 우리에게 성적인 욕구를 허락해 주셔서 감사합니다. 이 욕구를 결혼의 관계 안에서만 사용할 수 있게 도와주시기 원합니다. 세상은 마음대로 사용하라고 말하지만, 우리는 단호히 거부할 수 있는 용기를 주셔서, 결혼 안에서 평생 아내를 사랑하기로 언약한 약속 안에서 성적인 자유를 누릴 수 있게 도와주세요. 혼전 순결을 약속하고 잘 지킬 수 있게 도와주세요. 예수님의 이름으로 기도합니다. 아멘.

기억하기 정답: 혼전순결, 결혼, 약속

21

이별은
어떻게 해야 하나요?

　이성 교제를 한다면, 언젠가 헤어지는 순간이 오게 마련이야. 특히 사춘기 때 이성 교제는 어른들보다 빨리 헤어진다고 했지? 그러면 이별이 온다면 어떻게 헤어져야 할까?

　처음에 만날 때는 상대방이 기다려지고, 데이트하는 시간도 너무 빨리 지나가지. 그런데 시간이 흐르면서 서로 다투게 되거나 더 이상 신나지 않는 순간이 올 수 있어. 다른 친구랑 노는 게 더 즐거울 때, 더 이상 상대를 좋아하지 않는다고 깨닫게 돼.

　그럴 때 어떻게 해야 할까? 그냥 연락을 피해야 할까? 그냥 안 보면 될까? 헤어지는 것이 두려워서 억지로 만나야 할까? 내 마음이 변했다는 사실을 인정하기 싫을 수도 있어. 헤어지자고 말하기가 미안해서 싫은데도 만날 수도 있지. 하지만 자신의 감정에 대해 솔직하지 않으면 시간이 흐를수록 서로 힘들어져.

먼저, 이 점을 기억해 두자. 이별을 먼저 말한다고 해서 내가 나쁜 사람은 아니라는 거야. 자신의 감정에 대해서 솔직한 것은 나쁜 게 아니거든. 처음에 사귈 때 좋아한다고 말한 것처럼, 헤어질 때는 좋아하는 마음이 사라졌다고도 말할 수 있어야 해. 이런 말을 할 때는 문자로 하지 말고, 얼굴을 직접 보고 말하는 게 좋아. 아주 중요한 이야기이기 때문에 문자는 성의도 없고 상대방을 존중하지 않는 태도로 느껴지거든.

대화를 나누는 장소는 단둘이만 있는 곳보다 주변에 사람들이 있는 장소가 더 좋아. 혹시 감정이 격해져서 실수를 할 수도 있

어. 그리고 이별에 대한 이유를 설명할 때 꼭 기억해야 할 것은, 이별의 이유가 상대방의 단점이나 약점 때문이라고 말하지 않는 거야. 혹시 상대방의 어떤 태도나 모습 때문에 싫어졌다고 하더라도, '너 때문에 헤어진다'라는 말은 상대의 감정을 크게 상하게 하고 싸움으로 이어지게 할 수도 있어. 대신 헤어지는 이유를 공부나 부모님과 같은 외부의 이유를 들어서 설명하자.

헤어진 후도 중요해. 상대방과 찍은 사진이나 대화는 절대 비밀로 간직해야 해. 이걸 다른 친구들에게 알리는 순간, 범죄가 될 수도 있어.

마지막으로, 이별은 무척 힘은 일이야. 마음이 엄청 아프거든. 그러나 너무 걱정하지 말자. 손에 상처가 나면 순간은 아프지만 곧 아물게 돼. 마음의 상처도 아물게 될 거니깐, 아픈 시간 동안 운동이나 음악 등 관심을 다른 데 돌리도록 해 보자.

> 상심한 자들을 고치시며
> 그들의 상처를 싸매시는도다(시 147:3).

내가 먼저 헤어지자고 하든, 상대가 먼저 헤어지자고 하든, 좋아했던 사람과 헤어지는 건 무척 힘든 일이야. 헤어지고 난 이후에 후회하거나 미안한 마음이 생기기도 해. 시간이 지나면 좋은 추억만 생각나서 다시 보고 싶기도 하지.

이렇게 마음이 힘들 때 어려운 마음을 하나님께 내어놓고 기도하자. 하나님은 우리 아버지이시잖아. 하나님 아버지는 내 아픔을 모두 알고 계시거든. 시편에 나오는 말씀처럼, 기도는 내가 지금 느끼는 것을 그대로 하나님께 말하면 되는 거야. "하나님 마음이 너무 아파요", "하나님 제 마음을 위로해 주세요" 하고 말이야.

하나님은 우리의 마음을 아시기 때문에 하나님께 기도하면 위로도 주시고, 힘도 주실 거야. 때로는 나를 돕기 위한 사람들을 보내 주기도 하셔. 성경을 보면 하나님께서 더욱 위로하는 말씀을 주시기도 하고 말이야. 그러니 힘들고 아픈 마음은 반드시 하나님께 가져 나와서 아뢰도록 하자.

STEP. 1 정리하기

헤어질 때 어떻게 해야 할지지 궁금하면 이렇게 정리해 보자.
- 나의 감정을 솔직하고 정직하게 공개적인 장소에서 얼굴을 보며 말해야 해.
- 헤어지자고 말한다고 해서 나쁜 사람이 되는 것은 아니야.
- 헤어지고 마음이 힘들 때 하나님께 위로를 구하자.

STEP. 2 기억하기

1. 좋아하는 마음이 사라질 때 _____ 하는 태도로 말로 표현하자.
2. 헤어진 후에 과거의 사진이나 영상은 _____ 로 간직하자.
3. 힘들고 아픈 마음을 하나님께 _____ 로 아뢰자.

PRAY

하나님 아버지, 우리에게 만남과 헤어짐을 허락해 주셔서 감사합니다. 설레는 만남과 아픔 있는 헤어짐은 우리 인생에서 반복되지만, 헤어짐을 통해서 나를 돌아보게 만들어 주셔서 감사드립니다. 헤어짐이 낯선 사춘기이지만, 성장을 위한 과정으로 받아들일 수 있게 도와주시기 원합니다. 아프고 힘든 만큼 상대를 이해하는 깊이가 넓어져서 앞으로 힘든 사람들까지 품을 수 있는 넓은 마음을 주시기 원합니다. 예수님의 이름으로 기도합니다. 아멘.

기억하기 정답: 존중, 비밀, 기도

5

성경적 준비 :

"남자가 더 우월한 거 아닌가요?"

근본적인 하나님의 창조 원리에 대해 질문이 생길 수도 있어.
왜 하나님은 남녀라는 두 가지 성을 만드셨을까?
아담이 최초의 인간이니 남자가 여자보다 더 우월한 걸까?
성경의 몇몇 인물처럼 일부다처제도 괜찮았던 걸까?
여러가지 혼란스러운 질문에 대해 함께 이야기해 볼까?

\# 성적 자기 결정권
\# 남녀
\# 성평등
\# 돕는 배필

22

하나님은 왜 남성과 여성을
창조하셨나요?

왜 하나님은 남성과 여성이라는 두 성을 만드셨을까? 만약에 하나님이 모두 같은 남성만 세상에 살게 하셨다든지, 아니면 같은 여성들만 살게 하셨다면 살기가 더 편하지 않았을까?

어릴 때는 별로 관심이 없었지만 이제 제법 진지하게 성에 대한 질문이 생기면서 한 번쯤 가질 수 있는 생각이야. 하나님은 왜 굳이 남성, 여성이라는 두 성을 만드셨을까? 여기에는 하나님의 계획이 숨어 있어.

하나님은 창조 때 아담과 하와를 만드시고 두 사람으로 끝난 것이 아니라, 그들이 가정을 이루어서 사랑하며 살도록 하셨어. 사랑하면서 아이도 낳게 만드셨지. 남자와 여자는 결혼으로 가정을 이루어야 새로운 생명을 만들 수 있어. 사춘기는 이제 남자 성인과 여자 성인으로 완성되는 마지막 단계이고 말이야.

이렇게 두 성을 통해서 하나님은 서로를 보완하며 돕고, 가정을 이루라고 계획하신 거야. 한 개인은 가정에서 부모의 사랑을 받는 가운데 건강한 사람으로 성장할 수 있어. 남성과 여성의 창조 목적은 바로 사랑으로 가정을 이루고 새로운 생명을 양육하도록 하심이야.

> 하나님이 그들에게 복을 주시며
> 하나님이 그들에게 이르시되
> 생육하고 번성하여 땅에 충만하라, 땅을 정복하라,
> 바다의 물고기와 하늘의 새와 땅에 움직이는 모든 생물을
> 다스리라 하시니라(창 1:28).

음… 혼자는 좋지 않아.　　　　그래! 이거지! 이거야!

이 말씀을 보면 하나님이 사람을 남성과 여성으로 만드신 이유를 좀 더 상세히 알 수 있어. 하나님은 이 세상을 그림처럼 만드시지 않았어. 보기에만 아름다운 그림은 움직이지도 않고 정지된 세계이지만, 우리가 사는 세상은 서로 조화를 이루며 번성하고 발전하는 세상으로 창조되었지. 그래서 처음에 만들었던 모든 동식물과 사람은 암컷과 수컷, 남성과 여성의 다른 성으로 만드신 거야. 사람뿐만 아니라 모든 생물이 두 가지의 성을 통해 새로운 자손들이 이 땅에 충만하고 번성하도록 말이야.

우리 인간은 자손들이 많아져서 다양한 은사를 가진 사람들이 하나님께서 주신 자연을 누리게 되었어. 자연을 누린다는 것은 함부로 자연을 훼손하는 것이 아니라, 자연을 연구하고 개발해서 멋지고 아름다운 세상을 만드는 거야. 우리의 삶이 더욱 풍요로울 뿐만 아니라 하나님이 주신 자연도 함께 건강하게 지키는 거지.

지금 우리가 살고 있는 세상은 계속해서 인구가 늘어나고 기술문명이 발전하고 있지? 수많은 동식물도 번식하고 무리를 지으면서 조화롭게 살아가고 있어. 그래서 남자와 여자를 통해서 하나님의 창조가 더욱 풍성해지고 아름다워지는 거야. 하나님의 창조가 더욱 빛나게 되는 거지.

STEP. 1 정리하기

왜 남자와 여자를 만드셨는지 궁금할 때 이렇게 정리해 보자.
- 하나님의 창조 계획이야.
- 남성과 여성이 가정을 이루도록 하시기 위함이야.
- 가정을 통해서 우리의 삶을 복되게 하셨어.

STEP. 2 기억하기

1. 남자와 여자를 만든 것은 하나님의 _____ 이다.
2. 하나님의 창조는 가정을 통해서 _____ 해진다.
3. 창조는 가정을 통한 번성으로 _____ 되어 간다.

PRAY

하나님 아버지, 사람을 남자와 여자로 만들어 주셔서 감사드립니다. 남성과 여성이 가정을 이루고 새 생명을 잉태하고 양육하는 것은 하나님의 계획인 것을 깨닫게 해 주셔서 감사합니다. 사춘기에 접어든 우리들이 건강한 성인 남성으로 성장하도록 도와주셔서, 앞으로 행복하고 아름다운 가정을 소망하고 살아가게 도와주시옵소서. 예수님의 이름으로 기도합니다. 아멘.

기억하기 정답: 계획, 풍성, 완성

23

왜 남자는 한 명의 여자와 살아야 하나요?

    동물의 세계를 보면 어떤 동물은 수컷이 여러 암컷과 지내는 것을 볼 수 있어. 이슬람 국가에서는 여러 명의 아내를 둘 수도 있지. 그런데 왜 성경은 한 명의 아내와 살 것을 말씀하고 있을까?

    그 이유는 건강한 가정을 만들기 위해서야. 남자는 한 사람의 아내만 사랑하고 아내는 한 사람의 남편만 존경할 때 두 사람이 행복할 수 있어. 여러 명의 아내를 둘 수 있다고 가정하면, 아내는 얼마나 슬플까? 내가 사랑하는 남자가 다른 여자를 사랑하고 있는 것만큼 힘든 일이 또 있을까? 남자와 여자 두 사람이 서로만 바라보고 사랑할 때 가정에서 참 행복을 누릴 수 있어.

    아이도 생각해 보자. 아이가 가정에서 태어나면 아빠와 엄마가 양육을 하게 되잖아. 아이는 아빠의 듬직한 모습과 남자다운 모습을 보면서 남자란 어떤 존재인지 배우게 되고, 엄마의 따뜻하고 세심한 모습을 보면서 여자란 어떤 역할을 하는지 가정을 통

해 배우며 자라. 한 명의 남편과 한 명의 아내가 가정을 이루는 것은 행복한 가정을 위한 가장 좋은 조건이지. 그래서 성경은 우리의 행복을 위해서 한 명의 남자와 한 명의 여자만 서로 가정을 이룰 수 있다고 말씀하고 있는 거야.

이러므로 남자가 부모를 떠나
그의 아내와 합하여 둘이 한 몸을 이룰지로다(창 2:24).

성경에서는 결혼한 남자와 여자를 한 몸이라고 말씀하고 있어. 히브리어에서 남자를 '이쉬', 여자를 '이솨'라고 부르는데 자음이 같고 모음이 조금 다를 뿐이야.

성경에서는 이미 남자와 여자를 만드실 때 한 명의 남자가 한 명의 여자와 결혼해서 가정을 이룰 것을 말씀하고 있단다. 구약 성경에 아브라함이나 다윗같은 인물이 여러 명의 아내를 둔 내용이 나오지만, 그건 당시 여러 명의 아내를 두는 잘못된 문화가 있었기 때문이야. 아브라함뿐만 아니라 구약 성경에 나오는 대부분의 사람들은 여러 가지 부족하고 실수가 많았지. 하나님은 그런 부족한 사람들을 통해서도 구원의 약속을 이루어 가셨지만 말이야.

신약 성경에서는 철저하게 한 명의 아내만을 사랑하고 아이를 믿음 가운데 양육하라고 말씀하고 있어. 예수님도 결혼한 한 명의 아내하고만 살라고 말씀하셨지. 사도 바울이 쓴 서신서에도 보면, 한 명의 여성을 자기 자신처럼 사랑하라고 명령하고 있어. 아내도 그 남편을 존경하고 말이야.

부부로 가정을 이루게 되면 서로를 향한 사랑의 약속을 반드시 해야 해. 결혼을 보통 사랑의 언약이라고 해. 한 사람만 사랑하겠다는 약속을 많은 사람들 앞에서 하는 거야. 공식적인 약속을 언약이라고 하는데, 이 언약은 아주 중요해. 사랑을 언약하고 평생 한 사람만 바라보면, 나중에는 예수님께서 우리를 목숨까지 내어 줄 정도로 사랑하신 것이 어떤 사랑인지까지 알게 되는 거야. 그래서, 한 사람의 상대를 향한 사랑은 결국 우리 한 사람을 향한 사랑을 아는 중요한 계기가 될 수 있어. 남자는 오직 한 여성을 사랑하고 한 여성과 결혼해서 가정을 이루는 진리를 꼭 기억하자.

STEP. 1 정리하기

남자가 한 명의 여자와 살아야 하는 이유를 이렇게 정리해 보자.
- 남자와 여성은 한 몸이기 때문이야.
- 하나님은 오직 한 사람만 사랑하게 만들어 주셨어.
- 새 생명을 양육하는 최고의 조건이 두 사람으로 이루어진 가정이기 때문이야.

STEP. 2 기억하기

1. 남자와 여성은 원래 한 _____ 이었다.
2. 남자는 오직 한 여자만 _____ 하게 만들어졌다.
3. _____ 을 양육하는 최고의 조건은 남자와 여자로 구성된 가정이다.

PRAY

하나님 아버지, 우리에게 가정을 허락해 주셔서 감사합니다. 가정을 통해서 아빠와 엄마의 사랑 가운데 성장할 수 있도록 도와주셔서 감사합니다. 앞으로 우리가 누군가를 사랑하게 될 때 오직 한 여성과 사랑을 나눌 수 있게 도와주시고, 한 사람과 결혼을 해서 건강한 가정을 이룰 수 있게 도와주세요. 예수님의 이름으로 기도합니다. 아멘.

기억하기 정답: 몸, 사랑, 새 생명

24

여자보다 남자가
더 우월하나요?

보통 남자가 여자보다 힘이 세고 덩치도 크지? 그렇다면 남자가 육체적으로 더 강하니까 여성은 남성에게 순종하고 따라야 하는 사람일까? 가정에서도 여자에게 명령하고 여성은 시키는 대로 해야 하는 사람일까?

백 년 전만 하더라도 여성에게는 인간으로서의 중요한 권리가 없었어. 투표할 권리조차 없었지. 조선시대만 생각해도 여성은 사회적으로 힘이 없는 존재였어. 그런데 지금은 어떻지? 여성이 투표는 물론 대통령까지도 될 수 있는 시대가 되었어.

하지만 여전히 직장이나 사회에서 여성을 무시하는 일이 종종 생기기도 해. 가끔 학교에서도 여자아이를 우습게 보거나 괴롭히는 일이 있잖아. 여자라는 이유로 무시하거나 부당하게 대하는 건 사회적으로 범죄에 속해. 성별로 차별하는 것은 법으로도 금지하고 있지.

여자가 남자보다 훨씬 더 잘하는 영역도 있어. 남자가 하기 어려운 일을 여성이 하기도 해. 세계적으로도 정치, 경제, 문화면에서 뛰어난 여성들이 많은 걸 볼 수 있잖아.

그렇다면 성경은 어떨까? 성경은 누가 높다고 말하지 않아. 서로의 역할이 어떻게 다른지에 관해서 말씀하고 있지. 그래서 남자든 여자든 성별 때문에 우열을 가릴 수 없어. 사람으로서 동등한 가치를 가지고 서로 존중해야 해.

여호와 하나님이 이르시되
사람이 혼자 사는 것이 좋지 아니하니
내가 그를 위하여 돕는 배필을 지으리라 하시니라(창 2:18).

하나님은 남자와 여자 모두 하나님의 형상으로 만드셨어. 순서에 따라 남성이 먼저 지음을 받았고 후에 여성이 만들어졌지. 그리고 여자를 향해 남자를 돕는 배필로 소개해. 그런데 이 부분을 보고 여성을 남성보다 부족한 존재로 해석해서는 안 돼. 여기서 말하는 '돕는'이라는 말을 이렇게 상상해 봐. 우리 편이 적군에게 공격을 받아 거의 질 위기에 놓여 있어. 잘못하면 모두 포로로 끌려갈 상황일 때, 동맹군이 나타나 우리 군을 도와서 이겼다면 얼마나 기쁠까? 동맹군이 돕는다고 할 때처럼, 결정적인 도움을 말하는 단어가 여기서의 '돕다'야. 그러니까 단순히 서비스한다는 뜻이 아니라, 남자 혼자서는 할 수 없는데 여자가 결정적인 도움을 준다는 거지.

그러니 얼마나 중요한 역할이겠어? 남성과 여성은 우열을 가릴 수 없어. 단지, 가정에서 대표자가 누구인가 할 때 순서에 따라 남자라고는 할 수 있어. 그래서 대부분 가장을 아빠로 생각하는 거지. 성경은 남자와 여자 모두 하나님의 피조물이고, 똑같이 하나님 앞에서 소중한 존재라는 걸 기억하자.

STEP. 1 정리하기

여자보다 남자가 더 높은 건지 궁금할 때 이렇게 정리해 보자.
- 하나님은 남자와 여자 둘 다 하나님의 형상으로 만드셨어.
- 돕는 배필이라는 뜻은 남자가 할 수 없는 것을 돕는다는 뜻이야.
- 가정을 대표하는 사람은 남자야.

STEP. 2 기억하기

1. 남자와 여성은 둘 다 하나님의 _____ 으로 지음을 받았다.
2. 남자와 여성은 _____ 하다.
3. 가정의 대표자는 _____ 다.

PRAY

하나님 아버지, 남자와 여자를 하나님의 형상으로 만들어 주셔서 감사합니다. 남자와 여자 모두 하나님 앞에서 소중한 존재임을 기억합니다. 여자를 남자의 돕는 배필로 허락해 주셔서 감사합니다. 남자가 어려운 일이 있을 때 결정적인 도움을 줄 수 있게 여자를 만들어 주셔서 감사합니다. 여자를 배려하고 존중하는 마음을 주셔서 멋진 남자로 성장할 수 있게 인도해 주시옵소서. 예수님의 이름으로 기도합니다. 아멘.

기억하기 정답: 형상, 동등, 남자

25

혼전 순결을
지켜야 하나요?

혼전 순결은 결혼하기 전까지 성관계를 하지 않는 것을 말해. 사춘기부터 결혼하기 전까지는 짧게는 10년, 길게는 20년 이상이 걸리는 긴 시간이야. 그런데 혼전 순결을 꼭 지켜야 할까?

주변에 교회를 다니지 않는 친구들은 여자 친구와의 스킨십을 자랑스럽게 이야기할 수도 있어. 드라마나 영화에서도 사랑한다면 성관계를 해도 되는 것처럼 그려. 하지만 명심하자. 결혼 전까지 혼전 성관계는 참아야 해.

첫 번째 그 이유는, 성관계의 본래 목적이 생명을 잉태하기 위함이기 때문이야. 지금 세상은 그저 인간의 성적 욕구를 자유롭게 풀어야 건강하다고 말하고 있어. 물론 성욕 자체를 정죄하는 것은 성경적으로도 합당하지 않아. 성욕 자체는 창조된 인간의 기본 욕구 중의 하나이거든. 욕구 자체는 나쁘지 않지만, 이 욕구를 어떤 목적과 어떤 방법으로 풀어야 하는지가 중요해. 인간은 동물이 아니야. 동물은 성욕이 있으면 언제든지 암컷과 교미하면 되지만, 사람은 그렇지 않아. 성욕은 반드시 창조의 목적과 의도에 맞게 사용해야 해. 그래야 내가 이룰 가정도 건강하고, 이 사회도 건강한 사회로 발전할 수 있어.

두 번째는, 성관계는 곧 책임지는 사랑이기 때문이야. 사회는 '성적 자기 결정권'이라고 해서, 성욕을 사회적 규범이나 종교적 율법으로 제한하지 말라고 가르쳐. 그런데 내 몸이라고 해서 내 마음대로 사용하는 결정을 충동적 욕구대로 해 버린다면, 이후에 일어난 결과에 대해서 책임을 보장할 수 있을까? 예를 들어 순간의 성욕으로 아이를 임신했다가, 키울 수 있는 여건이 안 돼서 아이를 버리는 사람들이 얼마나 많은지 몰라. 아이 한 명을 키우는 일은 온 가족이 함께 해야 할 만큼 힘든 일인데, 한 번의 잘못된 판단으로 혼자 감당하기에는 너무나 벅찬 것이지. 성관계는 결혼이라는 관계 안에서 할 때, 서로에 대한 사랑을 책임지고 사랑에 대한 약속을 끝까지 지킬 수 있어.

세 번째는 몸과 마음의 건강을 위해서야. 만약에 여성을 만날 때마다 성관계를 한다고 생각해 봐. 아무리 피임을 잘한다고 해도, 성적인 질병에 노출될 확률이 높아. 에이즈라는 성병의 원인 중 하나도 많은 사람과의 관계로 인함이야.

이런 다양한 이유가 있으니 결혼 전의 성관계는 피하도록 하자.

> 하나님의 뜻은 이것이니 너희의 거룩함이라 곧 음란을 버리고 각각 거룩함과 존귀함으로 자기의 아내 대할 줄을 알고 하나님을 모르는 이방인과 같이 색욕을 따르지 말고(살전 4:3-5).

성경 말씀은 우리에게 음란을 피하라고 말씀하고 있어. 타락한 인간은 성적으로도 타락해서 소돔과 고모라처럼 하나님의 심판을 받는 처지가 되었어. 하나님이 본래 우리를 성결하게 창조하신 의도에서 벗어나서 말이야.

결혼은 하나님께서 세우신 중요한 창조 질서이고, 우리는 결혼 안에서만 성적인 자유를 누릴 수 있어. 마음대로 성욕을 풀 때, 성적인 타락으로 나 자신의 건강과 사회의 질서에 혼란을 주게 돼. 힘들어도 혼전 순결을 약속하고, 결혼 전까지 내 몸을 아끼고 건강하게 관리하기로 약속하자.

STEP. 1 정리하기

성관계는 언제 해야 할지 궁금할 때 이렇게 정리해 보자.
- 성관계는 결혼 전에 할 수 없어.
- 쾌락만을 위해서 하는 성관계는 깊은 상처를 남길 수 있어.
- 성관계는 결혼한 남자와 여성이 누리는 복이야.

STEP. 2 기억하기

1. 성관계는 결혼한 사람만이 누리는 _____ 이다.
2. 평생 서로 책임을 질 수 있는 결혼의 언약 안에서 _____ 를 할 수 있다.
3. 하나님은 결혼한 남자와 여성이 누리는 성관계를 _____ 하신다.

PRAY

하나님 아버지, 우리가 이제 성인으로 성장하면서 성에 대한 관심이 생길 수 있게 해 주셔서 감사합니다. 남자와 여성이 함께 누리는 성을 오직 결혼의 언약 관계 안에서 누릴 수 있게 해 주셔서 감사합니다. 우리가 결혼할 때까지 하나님 안에서 순결한 몸과 마음을 지키며 건강한 가정을 위해 준비할 수 있게 인도해 주시옵소서. 예수님의 이름으로 기도합니다. 아멘.

기억하기 정답: 복, 성관계, 기뻐

6

현실의 문제들 :
"어떤 게 맞는지 모르겠어요."

교회를 다니지 않는 친구들이나 TV, 유튜브를 보면
아주 자연스러워 보이는 것들이 있어.
동거, 혼전순결, 동성애 등등 세상은 이것들이
모두 자신의 선택에 달려있다고 말하지.
하지만 우리의 몸은 우리 것이 아니야.
잘 모르겠다면 어떤 게 정답인지 아빠가 알려줄게.

\# 동거
\# 동성애
\# 혼전순결
\# 야동
\# 데이트폭력
\# 가스라이팅

26

결혼 전에
동거해도 되나요?

요즘 드라마나 영화에 보면 동거하는 커플이 종종 등장해. 결혼하기 전에 미리 한 집에서 살아 보는 거지. 동거에 유익이 많다는 이야기를 보면서 혹시 동거에 대해 궁금한 적은 없었니?

대학생 중에는 동거하는 커플이 많다고 해. 좋아하는 사람과 계속 함께 있을 수 있고 집세도 아낄 수 있어서 좋다는 거야. 또 결혼을 고민하면서 과연 이 사람과 결혼을 해도 될지 시험해 보기 위해 동거를 택하는 사람도 있어. 혹은 혼인신고를 하지 않은 채 부부의 모습으로 동거하며 사는 형태도 있지. 이건 서로 평생 책임지지 않고 언제든지 원할 때 쉽게 헤어지기 위함이야. 사회적으로나 경제적으로나 비용도 많이 드는 결혼식을 굳이 하지 않고 말이야.

그렇다면 사람들은 왜 결혼식을 할까? 가족과 친구들을 부르고 많은 준비와 노력을 쏟을까? 그건 다 이유가 있어. 결혼식은 서로의 사랑을 많은 사람들 앞에서 고백하는 시간이야. 이 사랑의 고백은 죽을 때까지 한 사람만 바라보고 사랑하겠다는 맹세거든. 결혼식의 하객은 그 증인이 되는 셈이지. 수많은 증인들 앞에서 한 남자와 여자는 죽을 때까지 사랑의 언약을 책임감 있게 지키겠다고 약속하는 거야.

부부가 되어서 싸우더라도 다시 사랑을 회복할 수 있는 이유 중에 하나가 여기에 있어. 그런데 이런 결혼 없이 그냥 동거를 하면, 서로 고백한 사랑을 끝까지 잘 지킬 수 있을까? 새로운 생명이 태어나면, 책임감을 가지고 키우려는 의지가 생길까?

동거를 하면 언제든지 헤어질 수 있기 때문에 사랑의 책임과 생명에 대한 책임, 두 가지 모두를 장담할 수 없어. 동거했다가

헤어지면, 남성도 고통이지만 여성이 더 큰 고통을 받게 돼. 나중에 결혼할 때 동거에 대한 경력이 알려지면, 서로를 신뢰하기 어려워지기도 하고 말이야.

> 모든 사람은 결혼을 귀히 여기고 침소를 더럽히지 않게 하라 음행하는 자들과 간음하는 자들을 하나님이 심판하시리라
> (히 13:4).

성경은 남자와 여자가 서로 결혼했을 때만 함께 살 수 있다고 말씀하고 있어. 동거는 결혼만 안 했을 뿐, 부부와 똑같은 모양으로 살기 때문에 성경적 가치에 위배돼. 또한 성경은 결혼 전에 동거하는 것을 음행이라고 간주하고 이것을 자주 강조해. 왜냐면, 성은 강한 힘을 가지고 있어서 서로 사랑하는 남성과 여성은 성적인 관계를 가지고 싶어하거든.

 혼인 관계를 맺지 않고 자유롭게 함께 살면 좋을 것 같지만, 이런 사랑은 오직 자기만족을 위한 사랑밖에 되지 않아. 필요할 때만 찾는 사랑이거든. 오래갈 수 없고 서로에게 고통을 안겨 주지. 그래서 하나님은 남자와 여자의 사랑을 가정 안에서 누리도록 법과 제도를 만드셨어. 혹시라도 사랑이 식거나 갈등이 있더라도 결혼의 약속을 생각하면서 끝까지 사랑하라고 말이야. 그 사랑 안에 생명을 잉태하고 책임감을 가지고 가정을 이룰 수 있는 거야. 그러니 남녀는 결혼이라는 제도 안에서 함께 살아야 해.

STEP. 1 정리하기

결혼 전에 동거해도 되는지 궁금할 때 이렇게 정리해 보자.
- 남자와 여성이 함께 사는 것은 결혼의 언약을 맺어야 가능해.
- 결혼을 해야 사랑의 언약을 책임 있게 지킬 수 있어.
- 동거는 성경에서 범죄로 말씀하고 있어.

STEP. 2 기억하기

1. 남자와 여성이 함께 살기 위해서 _____ 을 해야 한다.
2. 결혼식은 사랑에 대한 언약을 평생 책임 있게 지키겠다는 _____ 이다.
3. 동거는 성적인 _____ 이다.

PRAY

하나님 아버지, 우리에게 결혼 예식을 허락해 주셔서 감사합니다. 남자와 여성이 서로 많은 증인들 앞에서 사랑을 고백하고 서로 평생 책임지는 관계 안에서 가정을 만들게 도와주셔서 감사드립니다. 지금은 결혼을 하지 않고 동거를 하는 시대이지만, 우리가 앞으로 건강한 가정을 만들기 위해서 이런 성적인 타락에 유혹되지 않고 하나님께서 세우신 법을 잘 지키면서 살아갈 수 있게 도와주시옵소서. 예수님의 이름으로 기도합니다. 아멘.

기억하기 정답: 결혼식, 의식, 범죄

27

동성애나 트랜스젠더를 어떻게 봐야 하나요?

웹툰이나 유튜브를 보면, 동성애나 트랜스젠더 역시 많이 보이는 요즘이지? 동성애나 트랜스젠더를 옹호하는 사람들 중에는 그들이 태어날 때부터 이런 기질을 타고났다고 말하는 사람들도 있어. 과연 그럴까?

동성애는 남성이 같은 남성을 사랑하고, 여성이 같은 여성을 사랑하는 걸 말해. 트랜스젠더는 자신의 성별을 태어날 때의 생물학적 성별과 다르게 살아가는 걸 말하지. 예를 들어 몸은 남자인데 스스로는 여자라고 여기는 거야. 이제는 동성애자와 트랜스젠더가 더 이상 자신을 숨기지 않고 밝히고 다니는 일도 많아.

동성애나 트랜스젠더가 되는 유전자가 있는 걸까? 지금까지 밝혀진 바에 따르면 그런 유전자는 없어. 태어날 때부터 그런 성향을 가지지는 않는대. 특히 남녀는 이미 태어나서 성장할 때부터 뇌의 구조와 몸의 구조, 호르몬이 각자 남자는 남자답게, 여성은 여자답게 성장해. 그런데 자신의 머리로 인정하지 않는 거야. 정신적인 문제로 볼 수 있는 거지. 그러니까, 동성애와 트랜스젠더는 태어날 때부터 정해진 건 아니라는 뜻이야. 그리고 동성애자였다가 다시 이성을 좋아하게 되어서, 더 이상 동성애자가 아니라고 말하는 사람들도 굉장히 많아. 탈동성애자라고 찾으면 많은 사례를 볼 수가 있어.

트랜스젠더 중에서 후회하는 사람들은 탈트렌스젠더라고 해. 트랜스젠더들도 결혼을 하는데, 사실 일반적인 결혼생활보다 더 갈등과 싸움이 많이 일어난다고 해. 파트너를 자주 바꾸는 일도 많고 말이야. 결국 자기 선택에 따라서 다시 이성애자나 자신의

본래 성을 찾을 수 있어. 그러니 우리는 성경에 나온 말씀대로 동성애나 트렌스젠더에 대해서는 거부하도록 하자.

> 그와 같이 남자들도 순리대로
> 여자 쓰기를 버리고 서로 향하여 음욕이 불 일 듯하매
> 남자가 남자와 더불어 부끄러운 일을 행하여
> 그들의 그릇됨에 상당한 보응을 그들 자신이 받았느니라
> (롬 1:27).

성경은 동성애를 죄로 보고 있어. 구약 성경의 소돔과 고모라처럼 동성애 문제로 심판을 받은 사건이 많아. 동성애는 하나님이 세운 창조 질서를 무너뜨리는 일이기 때문이야. 이미 이 세상을 창조하실 때 남자와 여성의 결합으로 가정을 이루라고 말씀하셨고, 이렇게 구성된 가정으로 땅에 충만하고 번성하고 정복하라는 말씀을 우리에게 주셨잖아.

동성애는 이런 하나님의 창조 질서를 무너뜨리고 가정을 통해서 새 생명 탄생과 양육이라는 하나님의 계획을 훼손하는 일이야. 신약 성경에도 고린도서나 로마서 등에서 물질이 번성한 도시를 중심으로 퍼지던 동성애에 대한 심판을 말씀하고 있어.

그런데 한 가지 조심해야 할 부분이 있어. 동성애가 죄이긴 하지만, 죄를 지은 사람에 대해서는 회개할 기회를 줄 수 있어야

해. 그들도 하나님의 창조 질서를 인정하고 가정에 대한 바른 태도와 인식을 가질 수 있도록 가능성을 열어 두어야 하기 때문이야. 우리가 신앙적으로 여러 가지 죄를 지을 수 있지만, 서로 비난하고 정죄하고 교제조차 하지 않는다면 더 이상 회개의 기회를 줄 수 없게 되거든. 그러니, 이런 문제 가운데 있는 사람을 보더라도 차별하거나 공개적인 정죄를 피하고, 돌아올 수 있는 기회를 제공하도록 하자. 은혜 가운데 기다려줄 수 있어야 해.

STEP. 1 정리하기

동성애나 트랜스젠더가 궁금할 때 이렇게 정리해 보자.
- 동성애와 트렌스젠더는 성경에서 죄로 여기고 있어.
- 그들은 태어날 때부터 그렇게 살도록 정해지지 않았어.
- 그들의 죄에 대해서 비난하기 보다 돌이키고 회개할 기회를 주어야 해.

STEP. 2 기억하기

1. 동성애와 트랜스젠더에 대해서 하나님은 _____ 하신다.
2. 하나님은 오직 남자와 여성의 사랑으로 _____ 을 이루게 하셨다.
3. 오직 남자와 여자로만 가정을 이루어야 하나님의 창조 _____ 을 실천할 수 있다.

PRAY

하나님 아버지, 우리에게 성경을 통해서 남자와 여자로 이루는 가정을 명령해 주셔서 감사합니다. 세상은 남자와 여성의 성을 바꾸어 가면서 사랑을 표현하며 하나님의 창조 질서를 어지럽히고 죄를 짓고 있습니다. 우리가 이런 유혹에 빠지지 않게 도와주시고, 성경적인 바른 지식으로 건강한 가정을 이룰 수 있게 준비되도록 인도해 주시옵소서. 예수님의 이름으로 기도합니다. 아멘.

기억하기 정답: 심판, 가정, 계획

28

음란물에 자꾸 눈이 가는데
어떻게 해야 하나요?

　유튜브를 보면 가끔 성인용 영상들이 나올 때가 있지? 처음에는 한두번 호기심으로 눌렀지만 어느새 나도 모르게 그런 영상을 찾게 될 수도 있어. 왜 사춘기에 이런 영상에 관심이 갈까?

　이유는 이성에 대한 호기심과 사랑이라는 감정이 발달했기 때문이야. 그래서 이런 영상에 관심이 가는 것은 아주 정상적인 욕구라고 할 수 있어. 그리고 남자는 시각적인 자극에 매우 약하거든. 이런 영상에 대한 욕구는 사라지지는 않아. 그런데, 욕구가 있다고 하더라도, 이걸 실천에 옮기게 되면 여러 가지 문제가 발생해. 문제는 한번 그런 것들을 보면 비슷한 영상을 계속 보고 싶다는 거야. 그렇게 빠지다 보면 심한 경우는 중독이 돼서 매일 보는 친구들도 있어.

　그리고 혹시 음란물을 컴퓨터에 다운로드를 직접 받게 되면 처벌을 받을 수 있으니 조심해야 해. 또 가끔은 모르는 사람으로

부터 메신저로 음란물이 오는 경우도 있어. 절대로 열어보면 안 돼. 이런 것도 법적인 문제가 될 수 있어. 그러니 더욱 조심해야겠지.

이런 영상에 빠질 때 위험한 일은 세 가지가 있어. 첫째는 중독이 될 수 있다는 점. 계속 그 영상 생각만 나고 틈만 나면 그런 영상만 계속 보는 거야. 며칠이라도 참을 수 없는 거지. 이렇게 되면 친구들과 노는 시간, 공부 시간도 뺏기게 돼. 둘째 문제는 그대로 따라 하고 싶다는 충동이 생겨서 성범죄로 이어질 수도 있어. 자꾸 영상을 보면, 온통 그 생각에 사로잡히거든, 그러면 나도 하고 싶다는 마음이 행동으로까지 이어질 수 있어. 셋째는 여성이나 성에 대해서 잘못된 지식을 갖게 돼. 어떻게 하면 여자들을 기쁘게 만들 수 있는지에 대한 왜곡된 정보를 배우는 거야.

어떻게 하면 이런 음란물을 피할 수 있을까? 어려운 문제이지만 아래 말씀을 보면서 함께 생각해 보자.

> 여자여 너를 고발하던 그들이 어디 있느냐
> 너를 정죄한 자가 없느냐 대답하되 주여 없나이다
> 예수께서 이르시되 나도 너를 정죄하지 아니하노니
> 가서 다시는 죄를 범하지 말라 하시니라(요 8:10–11).

사실 음란물을 완벽하게 피하기는 어려워. 호기심으로 눌러 보는 경우도 생기고 실수로 클릭하기도 하지. 우리가 이 땅에서 완벽하게 죄를 짓지 않고 살 수는 없어. 그저 죄가 줄어들다가 하나님 앞에 가서 완전한 거룩을 이루게 되는 거야. 그래서 죄를 짓는 즉시 회개하고, 하나님께 다시 한번 다짐하는 것이 중요해. 죄를 지어서는 안 되겠지만, 중요한 것은 회개야.

하나님은 우리의 죄를 용서해 주셔. 그러니 우리 마음을 거룩하게 지켜 달라고 기도하자. 그리고 주변에서 도움을 받을 수 있는 길도 허락해 달라고 기도하자. 믿음의 친구들을 통해서 건전한 방법으로 시간을 보낼 수 있도록 말이야. 친구들과 함께 운동하는 걸 추천해. 키가 크는 데도 좋지만, 머릿속에 이런 고민이나 호기심을 운동으로 많이 해소할 수 있거든. 사춘기의 소중한 시간을 헛된 곳에 낭비하지 않고, 몸과 마음을 가꾸고 학업에 최선을 다하고 열심히 신앙생활하는 데 시간을 사용하면 좋겠어.

STEP. 1 정리하기

음란물에 자꾸 눈이 갈 때 이렇게 정리해 보자.
- 호기심이 생기는 이유는 성인의 몸으로 성장하기 때문이야.
- 실수로 보았다고 하더라도 돌이켜 회개하고 다짐하면 하나님은 용서해 주셔.
- 몸과 마음이 음란물에서 보호되고 건강하게 성장할 수 있도록 기도하자.

STEP. 2 기억하기

1. 음란물에 눈길이 가는 이유는 이성에 대한 _____ 이 발달하는 시기이기 때문이다.
2. 음란물 탐닉은 _____ 과 여성에 대한 _____ 지식에 빠질 위험이 있다.
3. 음란물을 피하기 위해 주변에 _____ 를 요청하고 친구들과 건전한 _____ 을 한다.

PRAY

하나님 아버지, 우리의 몸이 어른으로 건강하게 성장할 수 있게 도와주셔서 감사합니다. 우리가 성장할 때 유혹이 찾아올 때가 있습니다. 음란물에 대한 유혹이 찾아올 때 거부할 수 있는 힘과 능력을 더해 주시기 원합니다. 기도와 말씀에 힘쓸 뿐만 아니라, 주변에 기도를 요청하고 믿음의 친구들과 사귀며 건전한 활동으로 이런 유혹을 이겨 낼 수 있게 도와주시기 원합니다. 예수님의 이름으로 기도합니다. 아멘.

기억하기 정답: 감정, 중독, 왜곡된, 기도, 활동

피임을 하면
성관계를 해도 괜찮나요?

피임이라고 하는 건, 남자와 여성이 성적인 관계를 가질 때 임신을 피하기 위해서 사용하는 방법을 말해. 그런데, 이런 걸 지금 알아야 하냐고?

이제 너의 몸은 남자 어른으로서 할 수 있는 기능을 거의 다 갖추었잖아. 너에게 정자 즉, 남자의 씨앗이 만들어지기 시작했으니 말이야. 그러면, 남자의 씨앗을 철저하게 잘 관리해야 해. 사람은 참 연약한 존재거든. 죄에 대해서 항상 넘어질 수 있는 위험성이 있어. 그래서 피임이라는 것은 사실 결혼한 사람에게 필요한 정보이긴 하지만, 사회에서는 미리 예방하는 차원에서 청소년기의 아이들에게도 피임에 관한 성교육을 실시하는 거야.

하지만 어떤 피임법도 확실한 방법은 아니라는 것을 명심해야 해. 가장 안전한 피임법은 성관계를 하지 않는 것이라는 점을 기억하자.

피임의 대표적인 방법은 남자의 성기에 콘돔이라고 하는 풍선처럼 생긴 얇은 고무막을 씌우는 거야. 여자도 물론 피임 방법이 있지만, 여성은 피임에 대한 부작용이 남자보다 많아서 가능하면 남자가 하는 것이 좋아. 그렇다면 이렇게 피임을 해서 임신만 하지 않으면 결혼 전에 성관계를 해도 괜찮은 걸까?

간음하지 말라(출20:14).

간음하지 말라는 말씀은 십계명 중에서 일곱 번째 계명이야. 남자와 여성의 성을 거룩하게 지킬 것에 관한 말씀이지. 이것은 결혼 전이나 결혼 후에도 모두 해당하는 말씀인데, 결혼한 사람은 부부 외에 다른 이성과 성관계를 해서는 안 된다는 것이고, 결혼 전의 남자나 여자도 자신의 성을 거룩하게 잘 지킬 것을 말씀하고 있어.

피임은 결혼한 가정 안에서 자녀 계획을 세우거나, 건강에 관련해서만 활용할 수 있는 방법이지, 그것이 성관계를 정당화하는 건 절대 아니야. 특히 청소년 시기에 성적인 욕구는 생기지만, 이런 욕구 때문에 음란물을 보거나 실제로 여자 친구와 성적인 접촉을 하는 등 행동으로 옮겨서는 안 돼. 마태복음에서는 심지어 여성과 관계를 하는 상상만 해도 죄라고 말씀할 정도야.

그러니 우리에게 주신 성을 얼마나 거룩하고 철저하게 관리해야 하는지 알겠지? 계명을 지키기가 너무 어렵다고? 그래서 매일 기도가 필요해. 우리는 하루에도 수많은 죄를 짓고 살아가지. 하지만 하나님께서 우리의 이런 죄성에도 불구하고 회개할 수 있는 길도 열어 주셨어. 그래서 늘 부족한 모습이지만, 하나님께 늘 회개하고 다시 말씀에 순종하기로 다짐할 때 우리를 영적인 성장의 길로 인도해 주셔.

STEP. 1 정리하기

피임이 무엇인지에 대해서 이렇게 정리해 보자.
- 피임은 여성의 임신을 피하는 방법이야.
- 남자가 할 수 있는 피임 방법은 콘돔을 사용하는 거야.
- 피임법을 사용해야 상황이 생겨서는 안 되겠지만, 예방 차원에서 알아야 해.

STEP. 2 기억하기

1. 사춘기에 남자의 정자가 만들어지기 때문에 _____ 과 관리를 해야 한다.
2. 남자의 피임 방법으로 _____ 을 사용하는 방법이 있다.
3. _____ 는 오직 부부에게만 허락된 기쁨이다.

PRAY

하나님 아버지, 우리에게 가정의 소중함을 말씀해 주셔서 감사드립니다. 우리가 성인이 되어 가정을 이룰 때까지 남성으로서 몸을 거룩하게 준비할 수 있도록 도와주세요. 세상의 유혹과 시험이 많습니다. 이런 시대에 우리의 마음까지도 하나님 앞에 정결할 수 있도록 도와주시기 원합니다. 건강하고 아름다운 가정에 대한 소망을 가지고 준비할 수 있게 인도해 주세요. 예수님의 이름으로 기도합니다. 아멘.

기억하기 정답: 예방, 콘돔, 성관계

30
데이트 폭력이 뭔가요?

 '데이트 폭력'이라는 단어를 많이 들어 봤지? 서로 교제하는 사이에서 말이나 행동으로 상대방에게 상처를 주는 것을 말해. 정서적·경제적·성적·신체적 폭력을 모두 포함하지. 왜 요즘 데이트 폭력이 문제가 되는 걸까?

 헤어지자는 요청을 거부하거나, 이별한 뒤에도 스토킹 하는 경우도 많은데, 이것 역시 명백한 데이트 폭력에 속해. 뿐만 아니라, 여성의 신체를 몰래 촬영하거나, 영상을 몰래 찍어서 공유하는 건 심각한 범죄여서 법적 처벌을 받게 돼.
 요즘 이런 데이트 폭력이나, 여성을 비하하고 괴롭히는 일이 점점 늘고 있어. 남자가 힘이 좀 세다고 여성을 괴롭히고 때리는 건 매우 비겁한 행동이야. 이성 교제를 하다가 서로 다투는 일은 당연히 생기기 마련이거든. 서로 생활 습관이 다르기도 하고, 자라온 환경도 다르고, 서로에게 기대하는 바가 다를 수 있어. 수

많은 차이가 있는데, 이렇게 서로 차이 나는 부분을 "넌 틀렸어", "넌, 내 말대로 해야 해"라고 하는 순간, 싸움이 시작돼. 다른 것과 틀린 것, 이 두 가지를 잘 구분할 수 있어야 한단다.

요즘 유행하는 가스라이팅이라는 용어도 마찬가지야. 상대를 내 마음대로 하고 싶어하는 잘못된 욕구에서 비롯된단다.

사귀던 사이는 얼마든지 헤어질 수 있는데, 왜 요즘 사람들은 이별 통보를 받았을 때 분노하고 폭행을 저지르는 걸까? 그건 자기가 거부당했다는 사실을 엄청난 충격으로 받아들이기 때문이야. 자신은 항상 상대방보다 잘난 사람, 좋은 사람이라고 생각하고 은근히 상대를 무시했는데, 갑자기 그런 상대로부터 버림을 받았다고 생각하니 너무 화가 나고 감정 조절이 안 되는 거지.

> 아무 일에든지 다툼이나 허영으로 하지 말고
> 오직 겸손한 마음으로 각각 자기보다 남을 낫게 여기고
>
> (빌 2:3).

성경은 다른 사람을 나보다 낫게 여기라고 말씀하고 있어. 나보다 소중하게 생각하고 좋은 점을 인정해 주는 거야. 겸손은 이런 태도를 말하는 거지. 겸손은 나의 부족한 점을 말하는 것이 아니라, 다른 사람을 인정하는 것에서 시작되는 거야.

열등의식을 벗어나는 길은 누군가의 인정을 받으면 돼. 우리를 높이 평가해 주시는 분이 누굴까? 우리를 사랑하시고, 나의 모든 것을 아실 뿐만 아니라, 나를 너무나 기뻐하는 분이 계시다고 했지? 우리가 하나님 안에서 자신을 인정할 때 비로소 다른 사람의 능력과 장점을 인정해 줄 수 있어.

그러니 먼저 하나님께 나의 좋은 점을 볼 수 있도록 기도하자. 다른 사람들의 능력도 인정할 수 있는 마음을 달라고 기도하자. 그러면 나와 다른 사람들을 존중하고 건강한 관계를 만들어가는 법을 배우게 될 거야.

STEP. 1 정리하기

데이트 폭력에 대해서 궁금할 때 이렇게 정리해 보자.
- 말과 글도 폭력이 될 수 있고 법적인 처벌도 받을 수 있어.
- 폭력은 서로의 차이를 인정하지 않고 상대방이 틀렸다는 생각에서 시작해.
- 나의 장점을 먼저 찾을 수 있어야 다른 사람의 장점도 찾을 수 있어.

STEP. 2 기억하기

1. 말, 글, 행동으로 피해를 주는 폭력은 법적인 _____ 을 받을 수 있다.
2. 서로의 _____ 점을 인정할 때, 폭력을 피할 수 있다.
3. 하나님 안에서 나의 _____ 을 찾을 때, 다른 사람의 _____ 도 인정해 줄 수 있다.

PRAY

하나님 아버지, 우리를 모두 다르게 만들어 주셔서 감사합니다. 다양한 사람들이 모여서 아름다운 조화를 이루며 살게 만들어 주셔서 감사합니다. 우리가 서로 다르더라도 서로 인정하고 존중하며 하나님 안에서 아름답게 조화를 이룰 수 있게 도와주시고 원합니다. 다른 사람을 틀렸다고 고치려 들지 않고, 나와 다른 점을 오히려 칭찬하고 격려할 수 있는 겸손한 마음을 주시기 원합니다. 예수님의 이름으로 기도합니다. 아멘.

기억하기 정답: 처벌, 다른, 장점, 장점

사명선언문

너희가 흠이 없고 순전하여……세상에서 그들 가운데 빛들로
나타내며 생명의 말씀을 밝혀 _ 빌 2:15-16

1. 생명을 담겠습니다
만드는 책에 주님 주신 생명을 담겠습니다.
그 책으로 복음을 선포하겠습니다.

2. 말씀을 밝히겠습니다
생명의 근본은 말씀입니다.
말씀을 밝혀 성도와 교회의 성장을 돕겠습니다.

3. 빛이 되겠습니다
시대와 영혼의 어두움을 밝혀 주님 앞으로 이끄는
빛이 되는 책을 만들겠습니다.

4. 순전히 행하겠습니다
책을 만들고 전하는 일과 경영하는 일에 부끄러움이 없는
정직함으로 행하겠습니다.

5. 끝까지 전파하겠습니다
모든 사람에게, 땅 끝까지, 주님 오시는 그날까지
복음을 전하는 사명을 다하겠습니다.

서점 안내

광화문점 서울시 종로구 새문안로 69 구세군회관 1층
02)737-2288 / 02)737-4623(F)

강남점 서울시 서초구 신반포로 177 반포쇼핑타운 3동 2층
02)595-1211 / 02)595-3549(F)

구로점 서울시 동작구 시흥대로 602, 3층 302호
02)858-8744 / 02)838-0653(F)

노원점 서울시 노원구 동일로 1366 삼봉빌딩 지하 1층
02)938-7979 / 02)3391-6169(F)

일산점 경기도 고양시 일산서구 중앙로 1391 레이크타운 지하 1층
031)916-8787 / 031)916-8788(F)

의정부점 경기도 의정부시 청사로47번길 12 성산타워 3층
031)845-0600 / 031)852-6930(F)

인터넷서점 www.lifebook.co.kr